Olle Wadström

AF286995

Kognitiv beteende- terapi och lite till

– 49 års erfarenheter som beteendeterapeut

ISBN 978-91-633-1447-6
www.psykologinsats.se

Olle Wadström
Första upplagan 2020

ISBN 978-91-633-1447-6
© Psykologinsats

Formgivning:
Lars-Åke Pettersson PPRD AB

Print: Books on demand

INNEHÅLL

Förord och programförklaring

Med det ökade utbudet av steg-ett-utbildningar och orienteringsutbildningar inom KBT av mycket skiftande kvalitet har jag tyvärr sett att det är vanligt att "KBT-studenter" efter genomgången utbildning ofta är otränade, okunniga i inlärningspsykologi och beteendeanalys.

Det förefaller som om man i vissa fall helt glömt att inlärningspsykologi och tillämpad beteendeanalys är det fundament som den kognitiva beteendeterapin vilar på. Ofta utbildas istället studenterna i olika mer eller mindre fasta manualbehandlingar såsom ACT, FAP, Unified protocol, MCT med flera, utan att de först lagt grunden i inlärningspsykologi eller har tillgång till en generell grundmanual eller behandlingsstruktur. Följden har blivit att de "färdiga" terapeuterna ofta inte vet varför de olika åtgärderna i manualerna förekommer eller vilken funktion de är avsedda att ha. De kan då heller inte förstå varför en behandling har misslyckats eller vad de ska göra när det sker.

Jag har träffat på terapeuter med godkänd steg-ett-utbildning i KBT som inte ens känner till skillnaden mellan positiv och negativ förstärkning, inte vet vad respondent betingning är, aldrig hört begreppet etablerande omständigheter och som tror att det primära målet för en KBT-terapeut är att se till att patienten ska må bra efter varje session. Man tror att KBT är någon slags tröstande, underlättande och avlastande lyssnande stöd eller samtal. Man tror att KBT handlar om känslomål och inte om beteendeförändring och beteendemål.

Med den ingången kommer många av deras patienter att bli besvikna. Det anseende som KBT har som evidensbaserad behandling, kommer på sikt att skamfilas, då patienterna inte kan skilja skickliga och kunniga KBT-terapeuter från de oskickliga. I värsta fall kommer de missnöjda patienterna, som tror att de fått KBT-behandling, att förkasta KBT.

Alltför många psykologer med förkortade kompletterande utbildningar, dåliga steg-ett-utbildningar och terapeuter som uppger sig ha KBT-kompetens utan att ha det, riskerar att på sikt göra att KBT anses vara ineffektivt eller i värsta fall hamna i vanrykte.

Patienterna är helt utelämnade åt slumpen, då de söker KBT-terapeut. Men de kommer senare att säga, att de har provat KBT och att det inte fungerade. Jag har tagit emot OCD-patienter som efter år av påstådd KBT-behandling endast tränats upp i ältande tvång och följaktligen fått ett mera svårbehandlat syndrom på grund av en oskicklig och okunnig terapeut.

På flera terapeuters hemsidor kan man läsa "jag jobbar både med den eller den behandlingen och KBT". För några år sedan hittade jag en lapp i min brevlåda "jag erbjuder ett ökat välbefinnande med KBT-samtal" och vidare "erbjuder även massage, Aloe Vera-produkter, friskvård och hudvård." Personen i fråga var inne på sin sista termin på en steg-ett-utbildning i KBT och erbjöd därför samtal till ett "reducerat pris". Personen/terapeuten hade uppenbarligen inte förstått att man vid beteendeterapi inte sätter upp känslomål utan beteendemål, som på sikt gör välbefinnande möjligt.

Den här boken riktar sig till dig som aktiv KBT-terapeut och till ansvariga kursanordnare som vill rädda den kognitiva beteendeterapins rykte och anseende. Det är också min förhoppning att den grundläggande inlärningspsykologin (tillämpad beteendeanalys) ska få en verklig renässans.

Under de år jag varit handledare för blivande psykologer i det kliniska blocket vid psykologutbildningar och vid olika steg-ett-utbildningar har jag bara mött glädje och tacksamhet för att jag drillat dem i tillämpad beteendeanalys. Jag hoppas att den här boken kan bli en inspiration för såväl lärare i KBT-utbildningar som studenter och KBT-terapeuter att fördjupa sig i inlärningspsykologin med dess fantastiska möjligheter. Inte minst vill jag få kursanordnare – såväl offentliga som privata – att sörja för att kvaliteten i kursutbudet höjs, hålls uppe eller åtminstone inte förflackas eller urvattnas.

På ett tidigt stadium i författandet av den här boken fick jag synpunkter, idéer och tips av min så kunniga, ambitiösa och intresserade före detta handledningsstudent Tomasz Kunatowski – tack för det "Tomek". Mina kollegor i Kalmar Mari Ståhl och Magnus Larsson har under vägen hållit min tro på projektet levande. Tack även för det.

Linköping 2020-01-20

Olle Wadström

1. Inledande förklaring – läs detta först

Alla behandlare utvecklar genom erfarenhet (formning) en egen stil och hittar sina favoritinterventioner. Så även jag. Den bok du nu håller i är en beteendeanalytikers syn på KBT. Nämligen min efter lång erfarenhet som klinisk psykolog. Jag beskriver något av det jag funnit värdefullt, kanske styvmoderligt behandlat och som jag tycker borde ingå i varje beteendeterapeuts beteenderepertoar och kunskaper utöver god drillning och skicklighet i operant och respondent inlärningspsykologi.

Istället för att börja med manualer och behandlingsprotokoll menar jag att man ska lära sig en grundstruktur eller ett flödesschema som kan användas i alla sammanhang där mänskliga psykologiska det vill säga beteendeproblem ska lösas. Jag föreslår därför en sådan ordning i kapitel 2 GRUNDSTRUKTUR.

Tillämpad beteendeanalys har för mig visat sig vara ett helt enastående verktyg för att förstå, lägga upp behandlingar och för att predicera beteendeförändring. Jag kan inte tänka mig att det finns något som kan konkurrera med beteendeanalysen som den presenteras av exempelvis Sundel & Sundel och Sulzer-Azaroff, B. & Mayer, R.

För mig är inlärningspsykologi och tillämpad beteendeanalys en absolut nödvändighet för den som vill arbeta med Beteendeterapi eller KBT. Dessutom tycker jag att det är önskvärt att man bör sträva efter att alltid anlägga ett inlärningspsykologiskt perspektiv på tillvaron – i vardagen och alltid.

Jag har hört KBT:are hävda att beteendeterapi och tillämpad beteendeanalys är gammalmodiga. Min gissning är att dessa inte är tillräckligt kunniga och skickliga på inlärningspsykologi. Den grundforskning som gjorts inom området kommer alltid att vara användbar. De principer som kan förklara vårt beteende idag är desamma som de alltid har varit, även om de inte klart har formulerats förrän på 1900-talet. Beteende-darwinism det vill säga att effektiva beteenden överlever är inget som kan bli gammalmodigt.

En missuppfattning är att tillämpad beteendeanalys är en behandlingsmetod. Det är en analysmetod för att förstå beteendets uppkomst och vidmakthållande och säger ingenting om vad och hur man ska göra eller vad som ska uppnås. Förståelsen som beteendeanalysen ger, är emellertid ett hjälpmedel för val av metoder, åtgärder för att uppnå uppställda beteendemål.

Längtan efter nya och effektiva metoder hos såväl patienter och terapeuter är något som gjort att många terapeuter ständigt söker nya revolutionerande metoder. Det har lett till man försummat att tillägna sig själva det behavioristiska fundamentet, för att glupskt kasta sig över nya tillämpningar och manualer. Manualer krävs för att man ska kunna forska och utvärdera specifika metoder på större sampel. Men de grundläggande inlärningspsykologiska principerna är också bevisat effektiva. Få principer är så beforskade som exempelvis förstärkning och utsläckning. Behandlingsforskning inom klinisk beteendeanalys kan också bedrivas som single-case eller i mycket små sampel. Se exempelvis Journal of Applied Behavior Analysis.

Min önskan är att KBT borde utvecklas i riktning mot "klinisk beteendeanalys" och Tillämpad beteendeanalys. Med den utgångspunkten kan i princip vilken behandlingsinsats som helst användas – kognitiva tekniker och varför inte psykodynamiska – så länge de kan motiveras utifrån en gjord beteendeanalys och inlärningspsykologiska principer.

Beteendeanalysen, med sitt strikta och väldefinierade formelspråk **S – R – K** och **BS – BR/S – R – K,** har enligt mig inga begränsningar, utan kan användas till att förstå hur och varför problem uppstår för enskilda människor, elever, chefer, idrottare, förståndshandikappade och kriminella personer, familjer, grupper, skolklasser och organisationer. Den kan också användas för att dissekera manualer eller terapiformer. Den kan till och med användas för att se vilka delar i exempelvis en psykodynamisk behandling som kan ha varit verksamma och varför. All mänsklig aktivitet kan analyseras och förstås med hjälp av kunskaper i inlärningspsykologi.

Ingen terapiform är ny. Allt är bara sämre eller bättre tillämpningar av inlärningspsykologiska principer, vare sig man är medveten om detta eller ej.

Det har presenterats många "nya" terapiformer. Alla kan dissekeras. Acceptance and Committment Therapy (ACT) är i princip att etablera omständigheter (**EO** Establishing Operations) med hjälp av livsvärderingar, metaforer och åtaganden (committments), som gör det mera förstärkande för patienten att bete sig mindre ångeststyrt – det vill säga avstå från undvikande och flyktbeteenden.

Även Metakognitiv terapi (MCT) kan dissekeras i sina inlärningspsykologiska beståndsdelar liksom Aggression Replacement Training (ART) med flera.

Oavsett hur komplicerade förklaringar och beskrivningar olika behandlingsmodeller erbjuder, så syftar alla i slutändan till den aktiva behandlingskomponenten – nämligen beteendeförändringen. Beteendeterapi syftar till beteendeförändring.

Bokens upplägg

KAPITEL 2 *Grundstruktur,* beskriver hur beteendeanalys enligt min uppfattning kan och bör användas i beteendeförändring eller behandling. Jag erbjuder en modell för flödet i tillämpad beteendeanalys som alltid kan användas. Den anger vilka moment som alltid bör ingå och i vilken ordning de bör tas.

KAPITEL 3 *Hjälpsam kunskap.* I kapitlet tar jag upp den koppling som jag anser finns mellan beteendeterapi och neurofysiologi och hur hjälpsamt det är att använda sig av denna koppling.

KAPITEL 4 *Beteendeterapi med kognitioner,* behandlar beteendeanalys av kognitivt beteende specifikt. Jag har sett hur oreflekterat tankar behandlas av mina studenter. De agerar som om alla tankar kan behandlas på samma sätt, utan hänsyn till deras respektive funktion.

KAPITEL 5 *Ord som kan förvirra och leda fel.* Slutligen tar jag upp några förvirrande, missförstådda och felanvända begrepp inom inlärningspsykologin.

BILAGA 1 *När Mowrer inte räcker till,* presenterar den beteendeanalytiska grunden för min ältandemetod.

BILAGA 2 *Strävansmål för KBT,* tar upp vad jag anser att man bör eftersträva i sitt arbete med TBA.

BILAGA 3 *Att uppfinna egna tillämpningar...* ger några exempel på uppfunna tillämpningar med utgångspunkt från beteendeanalys.

2. Grundstruktur för beteendeförändring genom klinisk eller tillämpad beteendeanalys

Under mina år som handledare och utbildare har jag sett att många terapeuter är alltför snabba att introducera olika metoder och att starta behandlingen. De har varken gjort en topografisk analys eller funktionsanalys. Utan att veta vilka beteenden som ska påverkas eller att ha ställt upp beteendemål har de påbörjat "behandlingen". Detta är lika tokigt som för en läkare att skriva ut godtycklig medicin utan att ha undersökt patienten eller att ha ställt diagnos. I det här kapitlet beskriver jag stegen som jag anser att varje beteendeterapi borde följa. Den modell jag beskriver är tillämpbar i alla typer av problem, men kräver självdisciplin. Det kan vara mycket lockande att genast erbjuda åtgärder till en olycklig patient.

Personligen tycker jag vanligen att inlärningspsykologin gör det enkelt att veta hur man ska agera som behaviorist. En av mina studenter, Nikolai Hamstein, yttrade en gång: Blir inte folk förbannade på, att allt blir så enkelt när du förklarar?

Det är inte alltid enkelt. Ibland kan klienterna förvirra och göra det svårare än det behöver vara. Men allt blir mycket enklare om man alltid följer samma grundstruktur eller flödesschema. Då brukar det klarna efter hand.

I detta kapitel presenteras en kronologiska ordningen i ett flödesschema eller grundstruktur för beteendeförändring eller beteendeterapi. Jag gör en del utvikningar med fall och annan information i presentationen.

Modellen

Modellen har i sin struktur visat sig fungera med alla typer av problem – såväl ångestrelaterad problematik som problem av mera fostrande eller rent beteendeförändrande karaktär med barn, i relationer och parterapi/grupper, ungdomar, utvecklingsstörda, kriminella och även chefers beteenden för att leda.

I fortsättningen används "patient, klient" eller "berörd part" omväxlande för den som beteendeförändringen avser. Anledningen till detta är just att tillämpad beteendeanalys används i alla mänskliga sammanhang såsom i;

- Sedvanlig behandling med klient – terapeut,
- Skola elev-skolpersonal, med elev–elev,

- Föräldrar barn, familjeproblematik
- Par-problematik/part-part relationer
- Habilitering med personal/föräldrar-brukare,
- Kriminalvård med personal - klient, dömd
- Idrott med tränare -idrottare, förälder – barnidrottare.
- Organisation/grupper, arbetsliv med chefer-medarbetare.
- Av samma skäl använder jag omväxlande terapeut, beteendeterapeut och beteendeanalytiker om utföraren.

Förutsättning – teoretiska kunskaper

De nödvändiga grundläggande och basala kunskaperna i tillämpad beteendeanalys kan förslagsvis inhämtas i den mycket enkla formen exempelvis i Att Förstå och Påverka Beteendeproblem (Olle Wadström), följt av Behavior Principles in the Human Services (Sundel & Sundel) kompletterad med Behavior Analysis for Lasting Change (Sulzer-Azaroff, B & Mayer, R.) för de mera ambitiösa.

I boken Idrottsglädje prestation utveckling (Olle Wadström & Daniel Ekvall) finns förutom de grundläggande principerna en rad konkreta fall som visar på kopplingen mellan beteendeanalys och valet av praktiska åtgärder på ett sätt, som jag inte sett någon annanstans. De praktiska exemplen följer den ordning som jag presenterar i detta kapitel.

Strukturen – flödesschemat innebär att varje patient/fall blir som en fallstudie (single case design), med mätning före och efter och ibland även fortlöpande under själva behandlingen.

Valet av paradigm

Som beteendeanalytiker är valet av paradigm viktigt. Det finns flera möjligheter. Jag anser att man bör välja den modell som har de bästa förutsättningarna av att förklara beteendets funktion.

De enklare paradigmen kan användas vid klientinformationen, men räcker vanligen inte till för en strikt och djupare analys. Jag förordar därför den mera komplexa modellen som är skuggad i tabell 2:1 nedan. Den skiljer klart på respondent och operant inlärning, den tvingar till att skilja mellan betingade stimuli och diskriminativa stimuli, den särskiljer operant och respondent beteende och definierar känsla i beteendetermer. Vidare döljer den inte faktorer i något ospecificerat "O" och den gör det svårare att tappa bort ospecificerade faktorer, utan redovisar alla mekanismer som är verksamma för beteendet. Dessutom ger den en fullständig behavioristisk analys av såväl motoriskt, kognitivt som autonomt beteende och någon separat kognitiv eller konceptuell analys behövs inte.

Tabell 2:1

Olika sätt att klargöra beteendens funktion med paradigm

Formel/PARADIGM	Fördelar	Nackdelar
A — B — C	Enkel och attraktiv design vid första anblicken. Särskilt attraktiv är den om man fascineras av engelska; Antecedents – Behavior – Consequences	Inte klargörande. Blandar respondent och operant (BS, SD och BR, R) betingade stimuli/diskriminativa stimuli och respondent/operant beteende. EO* tappas bort el negligeras. Förvirrat paradigm vid "tankar"
S — O — R — K	Vanligt förekommande enkel och attraktiv design. Lämplig vid psykoedukation av lekmän/patienter, men är en fattigmansanalys. De paradigm som är att föredra se modellen nederst i detta schema.	Samma som ovan. Inte tillräckligt klargörande vad gäller respondent och operant BS och SD . Tankars olika funktion klargörs inte. EO* blandas in i O (alternativt glöms bort helt eller negligeras)
S — T — O — R — K	Inga	Samma som ovan. Förvirrar då T (tankar) inte är med vid alla beteenden. Försvårar. EO* glöms bort/ negligeras?
Respondent problematik BS — BR/S^D — R —K^- och för enbart **operanta beteenden (R)** S^D — R — K S^D — R — K^- Märk: K kan även skrivas S^R (se Sundel & Sundel) EO (Etablerande omständigheter) måste hållas utanför paradigmet en fördel jmf med S-O-R-K, där EO i bästa fall blandas i den ospecificerade massan "O" och som i sämsta fall ignoreras eller missas helt.	Mycket klargörande då den särskiljer respondent och operant vad gäller såväl Stimuli som Reaktioner (beteenden). Särskiljer också positiv och negativ förstärkning. Gör det ex vis möjligt att förstå tankars olika funktioner (tankar kan ha fem olika funktioner beroende på placering i paradigmet – kan finnas på alla positioner utom BR). Se kap 4. Vid analys med dessa paradigm räcker det inte med svepande förklaringar, utan skrivsättet framtvingar genomtänkta beteendeanalyser. Lätt att åskådliggöra respondent betingning och ångestens funktion för pat. (Mowrer) Bör användas av den som kallar sig beteendeanalytiker.	Svårare förstå för lekmän/vissa patienter. Kräver mera av terapeuten – större kunskap och noggrannhet. Passar inte för terapeuter som saknar goda kunskaper inlärningspsykologi.

Etablerande Omständigheter påverkar styrkan i förstärkningar – ökar eller minskar den – och kan till och med göra en förstärkning till en bestraffning.

Jag kommer fortsättningsvis i boken att diskutera etablerande omständigheter (Establishing Operations) många gånger. Då termen är mindre känd och ibland missförstådd bland kognitiva beteendeterapeuter, ger jag den här en extra genomgång för att underlätta det fortsatta läsandet.

Etablerande omständigheter – ett ofta missförstått och förbisett element i beteendeanalysen

Begreppet Etablerande omständigheter (**EO**) är ofta förbisett och ibland missförstått och förväxlat med regelstyrning (rule governed behavior).

Michael formulerade en definition av etablerande omständigheter (EO Establishing operations)1982.

"*... any change in the environment which alters the effectiveness of some object or event as reinforcement and simultaneously alters the momentary frequency of the behavior that has been followed by that reinforcement*"

Michael definierade det fenomen som inlärningspsykologer hade iakttagit, nämligen att hungriga råttor fortare lärde sig att hitta i labyrinten än mätta. Hunger är således en faktor eller omständighet (**EO**) i situationen, som ökar den förstärkande kraften i maten.

Kroppsliga tillstånd som trötthet, törst, sjukdom, illamående, PMS, huvudvärk kan fungera som **EO**. John joggar vanligen tre gånger i veckan, men när han är förkyld (**EO**) avstår han. Förkylningen är en etablerande omständighet som gör det mindre förstärkande kanske till och med bestraffande att springa.

Neuropsykiatrisk problematik och funktionshinder fungerar också som permanenta etablerande omständigheter, då vissa beteenden blir mera förstärkande. Att röra sig motoriskt för person med ADHD eller att självstimulera vid exempelvis grav utvecklingsstörning, dövblindhet.

Tillfälliga etablerande omständigheter kan förklara varför samma person beter sig olika i liknande situationer. Eleven som är arrogant mot läraren när kompisarna är närvarande (**EO**), men inställsam när han är ensam med läraren.

Definitionen är också tydlig med att förändringen av förstärkningens potential kan vara att ökas eller minskas. Han är likaså tydlig med att "any change" det vill säga "vad som helst" kan fungera som **EO** såväl yttre förändringar i omgivningen som inre kroppsliga tillstånd eller information, kunskap, missförstånd, fördomar kan fungera som **EO**.

En **EO** kan till och med få en förstärkning att bli en bestraffning. Du kommer hem en kall vinterdag frusen och hungrig och ser en kopp varm chokladmjölk och några vetebullar på bordet. Förstärkningen hos chokladmjölken är kraftig och det ska bli jättegott. Då säger din syster att mjölken är sur. Den nya informationen (**EO**) har i ett slag gjort förstärkningen att dricka mjölken aversiv och bestraffande. Du väljer att avstå.

Informationen (**EO**) från läkaren att "nästa gång du dricker alkohol kommer ditt hjärta att ge upp. Du kommer helt enkelt att dö" kan i ett slag göra drickandet ointressant. Ett klassiskt exempel på hur omvälvande en **EO** kan vara, är den alkoholist som blivit frälst och som då tvärt slutar att dricka. Genom en ny syn på livet genom religionen (**EO**) känns det bestraffande och inte längre lika förstärkande att dricka sprit.

Etablerande omständigheter kan vara mycket genomgripande och påverka många beteenden samtidigt. Att bli medveten om miljöförstöringens konsekvenser kan i ett slag göra många beteenden oattraktiva (icke förstärkta), medan andra beteenden blir förstärkta. All övertalning syftar till att förändra eller etablera **EO**. Föräldern försöker förmå sin son att läsa läxorna. "Om du pluggar nu i år, så kommer du in på det eller det programmet på gymnasiet och då har du ju chansen att bli..." Genom att chefen får klart för sig (**EO**) att han bara upplevs patetisk när han höjer rösten och ser sträng ut, ändrar snabbt sitt beteende.

Metaforer är en ofta använd metod för att etablera omständigheter, liksom tal om värderad riktning. Två instrument som har en framskjuten plats i Acceptance and Commitment Therapy (ACT). Ett offentligt avgivet commitment (åtagande) syftar också till att fungera som en kraftfull etablerande omständighet. Åtagandet gör det socialt skamfyllt (bestraffande) att inte fullgöra.

En etablerande omständighet är något i den yttre miljön eller inom individen, som påverkar kraften i styrkan hos en förstärkning för ett visst beteende.

Skillnaden på diskriminativa stimuli och EO

Diskriminativa stimuli (**S**) sätter igång operanta beteenden, medan etablerande omständigheter inte startar ett beteende utan endast påverkar dess konsekvenser/förstärkningar. Gör beteendet mer eller mindre lockande.

Exempel på S (diskriminativt stimulus):

S	R	K
Ser en glassbutik	Köper glass	Gott

Exempel där EO är aktivt genom att påverka förstärkningen K:

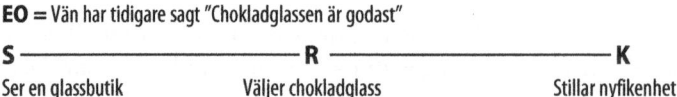

EO = Vän har tidigare sagt "Chokladglassen är godast"

S ——————————— **R** ——————————————— **K**

Ser en glassbutik   Väljer chokladglass   Stillar nyfikenhet

Det diskriminativa stimulit att se glasskiosken väcker beteendet att gå och köpa glass, medan vännens utsaga "Chokladglass är godast" inte förmår att starta beteendet, men gör det mera förstärkande att välja chokladglass, när väl det diskriminativa stimulit startat beteendet.

Utmärkande för **EO** är att de kan existera över kortare eller längre tid, men startar inte något beteende, som ett diskriminativt stimulus **S** gör.

I terapisammanhang är psykoedukationen (patientundervisningen) den viktigaste etablerande omständigheten för att skapa motivation till behandlingen. Strävan är att göra det mera förstärkande för patienten att trotsa bekvämlighet, ångest och förändra sitt beteende.

Etablerande omständigheter (Establishing Operations) och Regelstyrt beteende

Jag talade med en förmodat välorienterad kollega som hävdade att **EO** är samma sak som regelstyrt beteende. Det är inte korrekt. Regelstyrt beteende som saknar förstärkning är startat av en uppmaning, order eller regel. Etablerande omständigheter däremot påverkar kraften i befintlig förstärkning – ökar eller minskar den. Rent regelstyrt beteende utförs utan att någon förstärkning är uppenbar eller förväntad, enligt Skinner.

Regelstyrt beteende ser i paradigm ut på följande sätt:

S ——————————— **R**

Uppmaning (regel)   Beteende/respons

Regeln kan starta beteendet i stunden "Häng upp dina kläder", men den kan också aktiveras i viss kommande situation. "Beträd ej gräsmattan", "Hälsa på tant Elsa när du träffar henne" kan också ses som regelstyrning om och när det senare genomförs. Skinner tar exempel på grammatikaliska lagar eller regler som styr beteenden. Ett sådant exempel från tysk grammatik är "Efter prepositionerna durch, für, gegen, ohne, um... ska du sätta objektet i ackusativ". Regeln leder inte självklart till förstärkning. Åtminstone inte de första gångerna regeln följs. Senare och i efterhand kanske läraren förstärker genom att berömma eleven för att ha följt regeln, vilket gör att regelstyrningen då kan ha spelat ut sin roll och växlat över till förstärkningsstyrning (kontingensstyrning).

Om däremot uppmaningen från läraren får ett tillägg och lät på följande vis skulle den kunna fungera som en etablerande omständighet (**EO**): "Om du skriver objektet i ackusativ efter durch, für, gegen, ohne, um... då gör du rätt och slipper minuspoäng." Här laddas uppmaningen med en tydlig negativ förstärkning och uppfyller kravet för att fungera som etablerande omständighet (**EO**) och förstärkningsstyrning är aktiv.

Att sätta likhetstecken mellan regelstyrt beteende och etablerande omständigheter skulle innebära att varje uppmaning eller tillsägelse skulle göra det mer eller mindre förstärkande att följa uppmaningen eller tillsägelsen. Vi vet alltför väl att tillsägelser, tjat, som är försök att regelstyra, inte fungerar särskilt väl.

Som terapeuter vet vi att bara för att vi säger till klienten/patienten att ändra sitt beteende, så sker det inte. Terapeuten måste etablera omständigheter genom att förklara – i psykoedukationen – hur problemet uppkommit och vidmakthålls och varför man måste göra på det ena eller andra sättet för att nå målet. Hela psykoedukationen är, om den är framgångsrik, en **EO** nödvändig för följsamhet i behandlingen.

Sammanfattning – Nödvändiga grundkunskaper i inlärningspsykologi

För att kunna göra beteendeanalys krävs att man behärskar de grundläggande inlärningspsykologiska principerna och begreppen.

Operant inlärningspsykologi/operant betingning

Detta bör du känna till, förstå och kunna tillämpa;

- Diskriminativt stimulus/diskriminativa stimuli S eller S^D samt kunna och förstå skillnaden mellan dessa stimuli och betingade stimuli **BS** (nedan).
- Förstärkningsprinciper (såväl positiv **K+** eller **K** samt negativ förstärkning **K⁻**). Förmåga att se det operanta i allt mänskligt beteende och även i det som inte är direkt kopplat till patientens problematik, för att kunna få en bredare förståelse av problematiken.
- Generalisering, intermittent respektive kontinuerlig förstärkning, olika förstärkningsschemans inverkan på beteenden.
- Utsläckning av beteenden samt känna till annan mindre lämplig försvagning av beteenden exempelvis bestraffning/responskostnad. Känna till inlärdhjälplöshet/generaliserad utsläckning och förstå hur denna uppkommer och kan motverkas.

- Förmåga att ställa upp en paradigmatisk analys och klargöra operanta beteendes funktion **S-R-K** (se paradigm i tabell 2:1)
- Känna till Etablerande Omständigheter (Establishing Operations **EO**) och deras påverkan på förstärkningarna och därmed på det operanta beteendet. Vara medveten om att dessa omständigheter alltid måste sökas för att få en komplett bild av hur beteenden styrs.
- Hur en beteendekedja fungerar.
- Hur man ska underlätta generalisering av beteende och hur diskriminationsinlärning fungerar. Viktigt för att få behandlingsresultaten att spridas till alla miljöer.
- Något om olika förstärkningsscheman och deras olika inverkan på beteendefrekvensen.

Respondent inlärningspsykologi/betingning

- Känna till begrepp som Betingat stimulus **BS** och betingad reaktion **BR** och hur dessa skiljer sig från Obetingade stimuli **OBS** och obetingad reaktion **OBR**. Samt känna till skillnaden mellan **S** och **BS**.
- Respondent betingning och dess paradigm **BS - BR** och hur denna går till.
- Mowrer´s tvåfaktorteori och dess förklaringsvärde för exempelvis ångestproblematik där respondent och operant psykologi samverkar **BS - BR/S^D- - R - K$^-$** (se paradigm i tabell 2:1)
- Känna till vad **BR** är/består av. Det vill säga känna till grundläggande fysiologi såsom sympaticusreaktionen och dess motsats parasympaticus. Se vidare i kapitel 4 Hjälpsam kunskap.
- Förstå vad en emotion eller känsla är utifrån inlärningspsykologiskt perspektiv. Se vidare i kapitel 3 *Hjälpsam kunskap*.

Flödet vid all beteendepåverkan/terapi – alltid gångbar grundstruktur

Här följer en presentation av den grundstruktur som jag menar är tillämplig i alla fall.

Min tes är att alla terapeuter/coacher/managementkonsulter med KBT-inriktning borde lära sig en universell grundstruktur – förslagsvis den som presenteras här. Först därefter kan grundstrukturen vid behov kompletteras med hela eller delar av behandlingsprotokoll eller manualer.

Grundstrukturens fem steg

I   INFORMATIONSSAMLING Insamling av data som klient eller upp-dragsgivare formulerar uppgiften/problemet.

II TOPOGRAFISK ANALYS. Insamling av kritiska beteenden som är prob-lemet eller del av det på något vis. Den topografiska analysen är i sig en grov och preliminär målbeskrivning.

KBT (beteendeterapi) syftar alltid till beteendeförändring[1], som på sikt kommer att resultera i förändringar i måendet, känslorna, livskvalitén och tillfredsställelsen. Formulera därför alltid beteendemål–ingetannat. Känslomål är aldrig primära, utan kommer som en följd av korrekta beteendeförändringar.

III BETEENDEANALYS ELLER FUNKTIONSANALYS Vilken funktion har de beteenden som kommit fram i den topografiska analysen, måste förstås. I beteende- eller funktionsanalysen söker man vilka förstärkningar de har för beteendeägaren.

IV VALET AV ÅTGÄRDER/INSATSER Beteendeanalysen ligger till grund för valet av åtgärder/insatser helst tillsammans med berörd part/pa-tienten om hur beteendemålen skall uppnås. Förändringsarbetet/ behandlingen, påbörjas efter det att beteendeanalytikern redovisat resultatet för klienten/patienten/uppdragsgivaren och helst konsen-sus uppnåtts.

V   UTVÄRDERING/AVSLUTNING. När de förbestämda beteendemålen är uppnådda kan behandlingen anses vara "lyckad". Den fortsatta framställningen i kapitlet hänvisar till punkterna 1 till 5 (ovan och i schemat nedan)

Se nästa uppslag

---

1. Överskott och underskott kan vara såväl motoriska som kognitiva beteenden. När det gäller hantering av olika typer av kognitiva beteenden blir analysen mera komplex. Se kapitel 5 "Beteendeanalys med kognitioner".

Flödesschema för beteendeterapi (tillämpad beteendeanalys)
Tabell 2:2

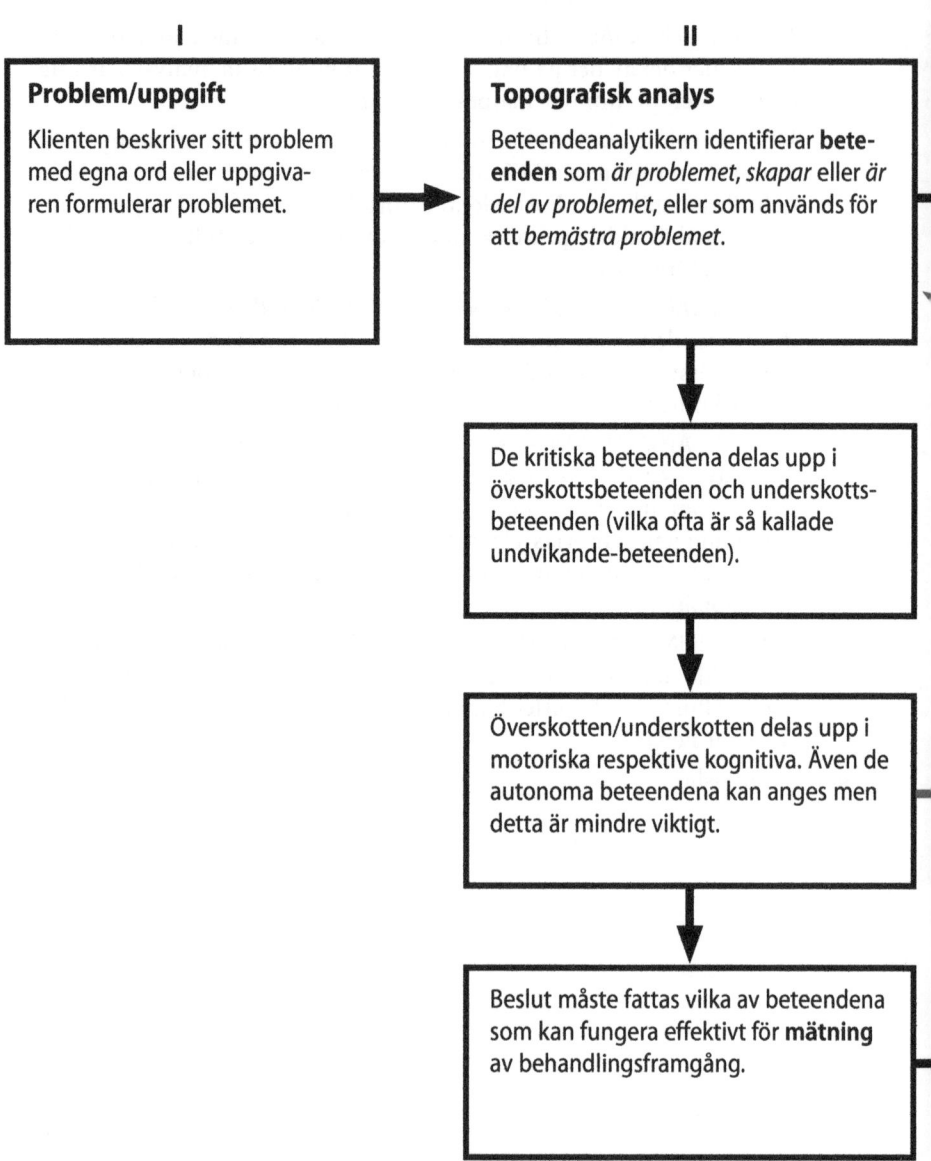

I

Problem/uppgift

Klienten beskriver sitt problem med egna ord eller uppgivaren formulerar problemet.

II

Topografisk analys

Beteendeanalytikern identifierar *bete-enden* som *är problemet, skapar* eller *är del av problemet,* eller som används för att *bemästra problemet.*

De kritiska beteendena delas upp i överskottsbeteenden och underskottsbeteenden (vilka ofta är så kallade undvikande-beteenden).

Överskotten/underskotten delas upp i motoriska respektive kognitiva. Även de autonoma beteendena kan anges men detta är mindre viktigt.

Beslut måste fattas vilka av beteendena som kan fungera effektivt för **mätning** av behandlingsframgång.

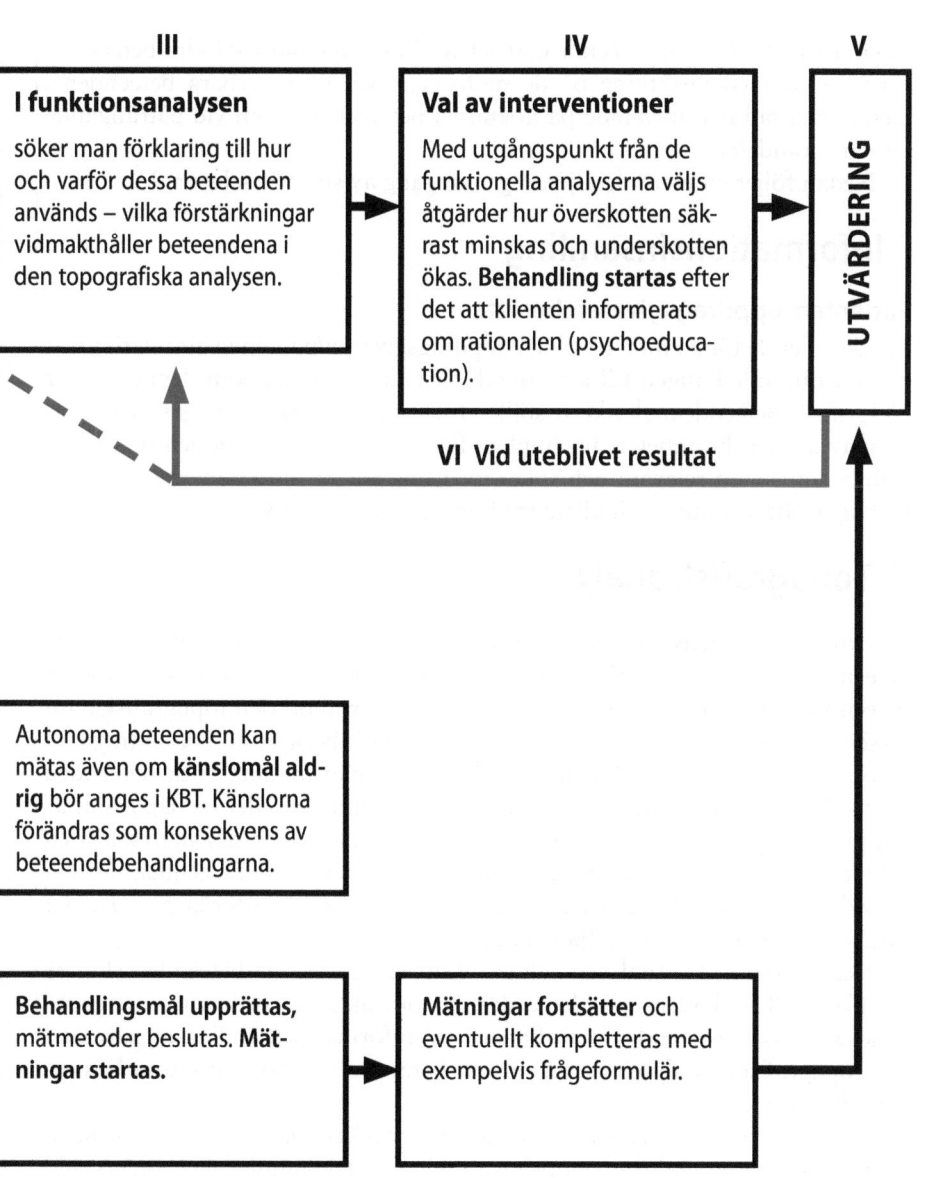

III

I funktionsanalysen
söker man förklaring till hur och varför dessa beteenden används – vilka förstärkningar vidmakthåller beteendena i den topografiska analysen.

IV

Val av interventioner
Med utgångspunkt från de funktionella analyserna väljs åtgärder hur överskotten säkrast minskas och underskotten ökas. **Behandling startas** efter det att klienten informerats om rationalen (psychoeducation).

VI Vid uteblivet resultat

V

UTVÄRDERING

Autonoma beteenden kan mätas även om **känslomål aldrig** bör anges i KBT. Känslorna förändras som konsekvens av beteendebehandlingarna.

Behandlingsmål upprättas, mätmetoder beslutas. **Mätningar startas.**

Mätningar fortsätter och eventuellt kompletteras med exempelvis frågeformulär.

Flödesschema för beteendeterapi

Tillämpad eller klinisk beteendeanalys har alltid målet att förändra beteenden – vanligtvis med inriktning på de motoriska och observerbara beteendena, men i vissa fall helt inriktade på kognitiva beteenden såsom vid påträngande tankar, ältande/oro[2].
Nedan följer en mera detaljerad genomgång av stegen i schema 2:2.

I Informationsinsamling

Patienten/uppdragsgivaren berättar

Vid det eller de första mötena tillåts uppdragsgivaren/patienten att relativt fritt berätta om anledningen till att kontakten tagits och vad som denne önskar hjälp med. Beteendeanalytikern ställer frågor där kompletteringar eller riktning av uppmärksamheten är lämpliga för att styra informationen till sådant som bedöms vara relevant och söker med sina frågor hitta de beteenden som på något sätt är knutna till klientens/kundens problematik.

II Topografisk analys

För att bedriva beteendeterapi – beteendeförändring – måste man hitta de beteenden som ska påverkas, ökas eller reduceras. Utgångspunkten för en beteendeförändrande intervention/insats är därför alltid den topografiska analysen. Där beskrivs problemet i beteendetermer – helst konkreta iakttagbara beteenden. Den topografiska analysen är en sammanställning av de beteenden som är knutna till, orsakade av, är orsak till, är en del av eller på något sätt är kopplade till problematiken. Man kan säga att den topografiska analysen är en grov målformulering. Kognitiv beteendeterapi är terapi av beteenden. Denna självklarhet missas av många terapeuter, som tror att känslorna primärt ska förändras eller till och med "personligheten".

Den topografiska analysen syftar till att specificera de beteenden som är kopplade till individens problematik och som måste påverkas för att problemet ska lösas. Beteenden man finner i sin informationssamling registreras i den topografiska analysen antingen som beteendeöverskott eller som beteendeunderskott.

Överskott är beteenden som används för mycket. Det kan vara beteenden som upplevs stötande för exempelvis familj, arbetskamrater eller underställd

---

2. Se referens "Sluta älta och grubbla – lättare gjort med kognitiv beteendeterapi" Olle Wadström.

personal och kan även göra att personen utsätts för onödigt lidande socialt. Överskottsbeteendena upplevs ibland som hjälpsamma av beteendeägaren i stunden – exempelvis beteenden som lindrar ångest i stunden. Under rubriken underskott anges undvikandebeteenden som exempelvis används för att slippa uppleva besvär eller obehag, olust, svårigheter, motstånd eller fientlighet. Undvikanden som beror på rädsla är "feghetsbeteenden". Exempelvis chefen som inte tar det svåra samtalat med en medarbetare. Den topografiska analysen utgör såväl utgångspunkten för, som målet med insatserna. Behandlingen kan avslutas när överskotten har minskats i önskad grad och underskotten inte längre existerar.

Termen topografi syftar på beteendenas utseende och den topografiska analysen är endast en kartläggning av hur klientens problembeteenden ser ut beskrivet i beteendetermer. Beskrivningar som "lat, deprimerad, aggressiv, ångestfylld" är inte beteenden och kan därför inte placeras in i den topografiska analysen. Adjektiv och diagnoser måste översättas till konkreta beteenden, för att kunna vara ett underlag för den kommande paradigmatiska beteendeanalysen och den efterföljande beteendeförändringen. Sten Rönnberg föreslog en heltäckande uppdelning i överskottsbeteenden och underskottsbeteenden, för motoriska och kognitiva beteenden vid en föreläsning I Linköping i början av 1970-talet.

Tabell 2:3.

Beteendeöverskott	Beteendeunderskott
A Beteenden som aldrig borde finnas och som är fullständigt oönskade, olagliga eller är direkt skadliga/farliga och som bör försvinna helt. Exempel narkotikaanvändning, alla typer av kriminella beteenden, självskadande beteenden, mobbningsbeteenden, spionera på partnern (tvångsmässig svartsjuka), fabulera, ge kränkande kommentarer, tafsa på grannens fru mm.	**B** Beteenden som patienten saknar/inte lärt sig och således inte behärskar, men som borde/måste läras in. Exempel Socialt viktiga beteenden, språkliga beteenden, empatiskt tänkande/beteende, köra bil, hantera dator mm. Det handlar alltså om beteenden som patienten har behov av och som genom sina totala frånvaro är en del av patientens problematik.
C Beteenden som är nödvändiga och önskvärda, men som genom att de förekommer i alltför stor utsträckning blir till problem eller är en del i problematiken. Denna typ av beteenden bör fås att minska. Exempelvis äta för mycket, dricka för mycket, köra för fort, tvätta sig för mycket och duscha i timmar, kontrollera spisen in absurdum, städa i övermått, spela poker på nätet, ljuga, ringa och störa vänner alltför mycket och ofta mm.	**D** Beteenden som är önskvärda, men som förkommer i allt för liten utsträckning. Denna typ av beteenden bör fås att öka. Motionera, ringa viktiga telefonsamtal, betala räkningar, tala (mutism), betala skatt, hålla kontakt med släkten, umgås med vänner, ta sin medicin, arbeta om förmåga finns o s v.
E Beteenden som i och för sig är önskvärda, men som används i oönskade eller olämpliga sammanhang, så att de blir till problem för omgivning eller för patienten själv. Exempel spotta i kyrkan, blotta sig på allmän plats, vara otrogen, berätta vulgära vitsar i fel sammanhang, sexuella närmanden till fel person (ex vis #metoo) mm.	

Klienten bör idealt tillsammans med beteendeanalytikern identifiera såväl överskott som underskott eller åtminstone bli överens om vikten av att påverka dem.

Ibland är det beteende man vill påverka en tanke blir det särskilt viktigt att bara beskriva hur tanken ser ut – d v s ge exempel på topografi (se vidare i kapitlet 4 Beteendeterapi med tankar)."Tänk om jag inte hade antagit anbudet om nytt jobb" eller "Varför skulle jag drabbas av denna sjukdom?" "Jag är ful", "Jag är inte värd att älska" eller "Jag kommer aldrig att få träffa min älskade make igen" eller liknande.

Nedan ges ett exempel på en topografisk analys för en panikångestpatient. Följande beteenden med anknytning till panikångesten kunde hittas efter det att patienten hade berättat om sina problem. Den typiska patienten beskriver inte sitt problem i beteendetermer utan som känslor eller skrämmande tankar.

Ofta handlar den topografiska analysen om klientens självutvecklade "hanteringstekniker", som i själva verket är säkerhets- eller problemskapande beteenden. Klienter har vanligen känslofokus medan beteendeanalytikern bör ha beteendefokus och samtidigt leta efter situationer där problemen uppstår och beteendena används.

Tabell 2:4

	Överskott	Underskott
Motoriska beteenden	Tar lugnande tablett inför stadsbesök och besök i affär. Har alltid med mobiltelefon och en flaska vatten med vid stadsbesök.	Gå till stormarknad. Gå på bio. Åka buss, flygplan. Köra bil på motorväg. Gå ensam på sta´n.
Kognitiva beteenden	– Om jag får en attack så ringer jag maken. – Jag kan ringa efter taxi. – Jag måste ha koll på var närmsta toalett finns.	
Autonoma beteenden	Hjärtklappning, Andnöd, lufthunger, Orolig mage	

I exemplet ovan framgår att panikångestpatienten hanterar sin problematik genom en rad undvikanden. Resultatet blir att denne blir alltmera rädd för det som undviks och att rädslan generaliseras till allt flera och liknande situationer. Hanteringstekniker eller copingstrategier känns hjälpsamma i stunden, men de försvårar på sikt. De är således beteenden som är förbundna med patientens problem, som befäster problematiken och som därför bör användas med försiktighet.

Ett exempel med en chef som har problem med att få de missnöjda medarbetarna med sig och få arbete utfört på snabbt och korrekt sätt.

Tabell 2:5.

	Överskott	Underskott
Motoriska beteenden	Ger kortfattade och/eller svårbegripliga order. Kontrollerar medarbetarnas utförande även av enkla uppgifter. Visar irritation vid påpekanden/fråga. Visar sig i kafferummet när pausen ska sluta.	Förklara bakgrunden till sina avgörande beslut Visa intresse och uppskattning för medarbetarna. Uppmuntra medarbetarna. Le och skämta. Delta i kaffegemenskapen.
Kognitiva beteenden		
Autonoma beteenden	Irritation, "Stress" Huvudvärk, (eg. sympaticusreaktion).	

I detta exempel framgår att chefen hanterar sina medarbetare så att de agerar som han vill (hjälpsamma beteenden i stunden), men till priset av att trivsel och entusiasm hos medarbetarna minskar. Långsiktigt sänks deras prestationer och därmed resultatet.

Betydelsen av "diagnos" – beteendena är avgörande

Diagnoser är inte till någon självklar hjälp i behandlingsarbetet. Beteendeterapi och tillämpad beteendeanalys är transdiagnostisk. Diagnoser i sig säger mycket lite om hur de kommande åtgärderna i detalj bör utformas. Diagnosen måste ersättas av överskotts- och underskottsbeteenden i den topografisk analysen. Beteenden kan med fördel ersätta diagnosen. När de beteenden som är grunden för diagnosen är förändrade, då föreligger inte längre diagnosen.

Att mäta beteenden

Mätning kan ske på några olika sätt. Det jag förordar är mätning av konkreta beteenden, men ibland måste man välja mätning av tankar om tänkandet är själva problemet – "the target". I vissa fall väljer man att komplettera med mätning av känslor eller upplevelse. Det senare sker vanligen med standardiserade formulär

Mätning av beteendeförändringen är det viktigaste sättet att kontrollera om en behandling har varit framgångsrik. En viktig del i den topografiska analysen är därför att välja ut något eller några av de angivna beteendena för mätning. Valet bör falla på sådana beteenden där en tydlig förändring kan förväntas under behandlingen och gärna där man i förväg kan fastställa en nivå – beteendemål – där behandlingen lämpligen avslutas. Det kan vara svårt att välja beteenden som speglar behandlingsresultat, är tillräckligt enkla att mäta och samtidigt ger säkra data. Varje enskilt fall/klient bör betraktas som en fallstudie, där man mäter före, under och efter åtgärderna. Det är önskvärt att klienten själv registrerar något eller några av sina överskott eller underskott. Detta är samtidigt en effektiv metod att påverka beteendet – så kallad self-monitoring (självregistrering). Om klienten är motiverad att sluta röka och själv registrerar varje cigarett som röks kommer cigarettkonsumtionen automatiskt att minska. Självregistrering kan även vara klargörande. När klienten med sömnproblem ser sina registreringar kan det ge insikt att sömnproblemet i själva verket inte är så stort som det känns. Hårddata är mera klargörande än subjektiv upplevelse.

Valet av vilka beteenden som ska registreras är svårt på flera sätt. Svårigheten att välja beteenden som har tydligt samband med ett framtida behandlingsresultat har redan nämnts. Sedan gäller att välja mätmetoder som är lämplig för beteendena ifråga och som är lätta att använda så att de kan fullföljas uthålligt helst genom hela behandlingen.

Flera olika mätmetoder utan inbördes ordning finns att tillgå alla har sina fördelar och begränsningar.

Tabell 2:6.

Mätmetod	Exempel på R	Fördelar	Nackdelar
Automatisk mätning	Körda mil antal/dag, SMS	Exakt	Dyrt i vissa fall.
	Skrivtid med ett .doc och/ eller antal ord på datorn.	Objektivt	Oflexibelt och grovt.
	Hur många Kwh,	Kvantitativt	
		Lätt att utföra	
	Sjukskrivningsdagar,	Används för "hur	
	Läkarbesök,	länge" och "hur ofta" och "hur många".	
	Skidliftsanvändning, Bortspelade pengar (bank- kontot),		
	Antal fängelsedomar.		
Produkträkning	Rättstavade ord	Relativt god pre- cision	Endast användbar för R som lämnar obser- verbara "resultat" eller "produkter".
	Antal tomma vinflaskor		
	Antal krossade fönster	Förhållandevis billig	
	Antalet fimpar i askkoppen	Lättadministrerad (även för patienten/ klienten själv).	
	Antal korrekta glosor.		

Mätmetod	Exempel på R	Fördelar	Nackdelar
Dagbok	Kan användas under utredningen som start inför den preliminära beteende-analysen	Kan ge uppslag på överskotts- och underskotts-beteenden och svåra situationer (BS), etablerande omständigheter mm.	Ger inga mått som kan användas för statistik. Mjukdata, som alltid bör kompletteras med hårddata.
Beteenderäkning/ registrering	Antal ringda samtal Antal gånger en elev slår en annan Antal gånger elev lämnar lektionen Frånvarodagar på arbetet Antal toalettbesök	Lättadministrerad (även för patienten, klienten) Kräver inte kontinuerlig uppmärksamhet Mycket användbar mätteknik	Mindre användbar vid beteenden som inte väcker uppmärksamhet såsom undvikande-beteenden, beteende-underskott
Checklista (att pricka av)	Antal säkerhetsåtgärder som utförts. Antal gånger offentlig toalett städats	Bra för att mäta kritiska "steg" som gjorts vid viktig uppgift Flygsäkerhet, pilot-beteenden, behavior safety i kärnkraft-verk.	Ger ibland inte användbara data på frekvens eller duration.
Durations-mätning	Hur lång fikapaus, Duschtid, låstid vid dörren (tvångs-syndrom) Hur länge barnet skriker, Tid för studier, läxläsning, dataspel, tid för toalettbe-sök och kontroll-beteenden osv.	Lämplig metod då fokus ligger på beteendets utsträck-ning i tid. Kan med fördel användas för själv-observation	Kräver observatörs odelade medverkan och uppmärksamhet.
Latensmätning	Hur lång tid tar det för eleven att följa instruktion. Prokastrinering (upp-skjutandebeteende)	Värdefull mätning då intresset är hur lång "inkubations eller reaktionstid" ett beteende har. Mäter avståndet mellan S och R	Samma som ovan

Mätmetod	Exempel på R	Fördelar	Nackdelar
Hel intervallmätning (möjlighet att välja tidsintervallets storlek)	Andel av arbetstiden en anställd arbetar (hela intervallet måste vara fyllt med beteendet R för att registrering ska ske). Effetiv pluggtid eller arbetstid.	Användbart då man vill mäta och påverka ett beteendes persistens, mäter även grovt duration	Kräver observatörens odelade uppmärksamhet och självobservatörens ärlighet. Ger en underskattning av beteendemängden
Partiell intervallmätning (möjlighet att välja tidsintervallets storlek)	Om beteendet (R) alls har förekommit under intervallet noteras. Antal tidsintervall under vilka ett barn gråtit. Andel av alla tidsintervall under vilka en person har ältat.	Användbart för beteenden med kort duration (ex vis att berömma/ge förstärkning, dra hår, bita på naglar) eller över huvud taget för R som man vill minska	Kräver observatörens odelade uppmärksamhet. Kan ge en överskattning av beteendemängden. OBS intervall-längd! Ju längre intervall desto grövre mått och desto större överskattning.
Tidssampling (slumpmässig observation)	Kan användas vid beteenden (R) som har utsträckning i tid. Procent av tiden ett barn leker med andra barn. Procent av tiden ett fotbollslag ägnar åt teknikövningar	Enkelt för observatören (tidsekonomiskt) En mycket användbar mätmetod. Kan ibland skötas av slumpkamera.	Kan inte användas vid oregelbundet och alltför glest förekommande R.

Mätmetod	Exempel på R	Fördelar	Nackdelar
Intensitets-skattning (vid sammansatta beteenden med flera delbeteenden)	Aggressionsutbrotts allvarlighet (def nivåer av utbrott där flera olika R samverkar till ett sammansatt beteende/respons-klass) Ex Nivå 1 skrik, Nivå 2 sparkar på döda ting, Nivå 3 angriper person. Användes ex.vis vid självskadeepisod med beteendehierarki (flera nivåer) liksom tvångsepisod m flera R i hierarki.	Enkelt för observatören (tidsekonomiskt) En användbar mätmetod, då beteendets intensitet betyder något.	Om alla samverkande beteenden R inte klart definieras, blir skattningen irreliabel.
Formulär	Känslor, intrusive thoughts (påträngande tankar), livskvalitet, upplevelse.	Enkelt att administrera, standardiserade och därmed jämförbara data	Slumpinflytande, dagsform kan påverka liksom minnesfel och tillfälligheter

Just beteenderäkning förtjänar lite extra uppmärksamhet på grund av dess stora användbarhet. Den kan samtidigt användas för att mäta då oönskat beteende använts av patienten och då korrekt beteende använts.

Exempel: Chefen ska i sitt önskade förändrade bemötande av medarbetarna svara med "Det var intressant" eller annat erkännande när medarbetarna kommer med frågor, förslag eller kritik. De överskott som ska minskas är att visa irritation, säga något ironiskt eller tigande och gå sin väg.

Om chefen gör rätt i situationen markerar han detta med ett streck. Men om han gör något av de oönskade beteendena korsar han över strecket. På detta vis får man kontroll på tre saker; hur ofta situationen totalt uppstår, som irriterar chefen; hur många gånger chefen reagerar på det önskvärda sättet samt hur många gånger han agerar på oönskat sätt. Det är sedan lätt att räkna ut procent per vecka chefen betett sig önskvärt i de kritiska situationerna.

Tabell 2:7

Tidsperiod	Markera rätt med I och fel med X	Procent I (rätt beteende)
Vecka 1	I IX X I X X XX X I	27
Vecka 2	I I IIXXXI I I I X X	61
Vecka 3	I I I IXI I I IXI I	84

III Beteendeanalys/funktionsanalys

Medan den topografiska analysen kan ses som en grov målbeskrivning, så ska den funktionella eller paradigmatiska analysen ge svaret på varför beteendena används. Vilken funktion de har för personen? Det vill säga vad är deras respektive förstärkningar? Varför används beteendena just i den eller den situationen? Vilken "nytta" (förstärkning/ar) har klienten av dem? I vilket medvetet eller ofta omedvetet syfte utförs de? Svaren blir utgångspunkt för hur man ska agera för att påverka dem – öka eller minska.

Företeelser som ska identifieras vid funktionsanalysen (se 2:1 sid 13)

1. Det är fem saker som måste identifieras och som man bör hålla ordning på för att kunna söka åtgärder.
2. Överskotts- och underskottsbeteendena i den topografiska analysen placeras i position **R** i paradigmen. **S – R – K** och **BS – BR/S – R – K**.
3. Vad förstärker **R**? Vilka förstärkningar **S – R – K** finns – kontinuerliga och intermittenta? Underskott kan också bero på beteendebrist, vilket innebär att beteendet måste läras in.
4. Vad startar beteendet? Hitta diskriminativa stimuli **S – R – K**.
5. Finn felaktiga eller olämpliga förhållanden, föreställningar, idéer, grundantaganden, värderingar som utgör **EO** som påverkar styrkan i förstärkningarna **K** och därigenom försvårar behandlingen.

Vid ångest eller aggressionsproblematik måste man hitta de betingade stimuli **BS – BR/S – R – K** som triggar sympaticusreaktionen **BR**. Betingade stimuli ska sedan användas för exponering.

Ångeststyrda beteenden – undvikande och flyktbeteenden – är negativt förstärkta. Men beteenden vid ångestproblematik kan dessutom vara positivt förstärkta. De kan ge uppmärksamhet, medkänsla från andra, att bli omhändertagen, att få favörer, att få särbehandling, få materiella fördelar, "sjukdomsvinst", pengar, erkännande mm.

I vardagen är beteenden ofta positivt förstärkta – vi gör det vi brukar göra oftast helt oreflekterat – för att erhålla eller komma i åtnjutande av något. Detta kallas ibland "att göra av gammal vana".

Utgångspunkt för den funktionella analysen är att alla operanta beteenden (motoriska och kognitiva) vidmakthålls av förstärkning/ar annars skulle de utsläckas och inget beteende existerar utan förstärkning.

Människor har vanligen flera beteenden i sin beteenderepertoar som används i samma situation och de har då samma förstärkning och tillhör således samma responsklass. Beteenden som tillhör samma responsklass kan klumpas ihop i samma paradigm.

Här följer ett exempel på responsklass hos en panikångestpatient

S⁻ ———————————————— R ———————————————— K⁻

Ska gå på stan	Tar med vän	undviker panik
	Tar lugnande tablett	
	Tar med mobiltelefon och vatten	

De tre beteendena har alla samma förstärkning (- K⁻), att undvika en panikattack. De tillhör samma responsklass.

IV Val av åtgärder

Vid patientinformationen (psykoedukationen) presenteras beteendeanalysen för klienten, som då förhoppningsvis kommer att förstå vad som vidmakthåller problemen och varför det blivit på detta vis och förhoppningsvis kommer inse vad som kommer att krävas för egen del. En god pedagogisk förmåga är en ovärderlig tillgång. Psykoedukationen är den i särklass viktigaste omständigheten för att etablera motivation det vill säga att göra det mera förstärkande för klienten att förändra sitt beteende och utmana sina svårigheter.

Viss grundläggande inlärningspsykologisk information – operant inlärning – bör alltid ingå oavsett problematik. Idealet är om klienten förstår sambandet mellan sitt beteende historiskt och sina problem idag och inser att problemen kan lösas genom egen beteendeförändring. Om problemet är ångest måste respondent betingning förklaras. Att man kan bli automatiskt rädd genom att fly från något med förhöjd vakenhet eller 'arousal' (sympaticusreaktion) i kroppen. Det klassiska är att berätta om lille Albert och den vita råttan och göra jämförelse med hur patienten oavsiktligt skaffat sig sina "vita råttor". Tillsammans med denna undervisning kommer information om förstärkning såväl negativ som positiv. Det är viktigt att visa på hur flykt och undvikandebeteendena ökar och även leder till att problemen generaliseras. Avsikten är alltid att göra den egna problematiken begriplig. Vad som sker i kroppen vid kraftiga känslor och hur det kan beskrivas för patienten tar jag upp i kapitel 3 *Hjälpsam kunskap*.

Klienten bör förberedas på att det vanligtvis är jobbigt att förändra sina beteenden och att det till en början kan ge ökad obehag och känsla av obekvämhet.

Vid problem där kraftiga känslor (ex vis ångest) inte finns, det vill säga rent operanta problem, blir det både viktigare och svårare att göra funktionsanalys. Förstärkningen ångestreduktion finns inte utan andra förstärkningar måste hitts. Man använder dock samma tillvägagångssätt och grundstruktur med topografisk och därefter paradigmatisk analys.

Chefen som vill få ett bättre förhållande till sina medarbetare (Tabell 2:5 ovan).

När analysen presenterats och godkänts av klienten, beslutar man tillsammans om lämpliga åtgärder för att minska överskottsbeteendena och för att öka beteendeunderskotten.

Idealt fungerar klientinstruktionen som en etablering av nya omständigheter (EO), som gör det mera förstärkande för klienten att aktivt medverka i sin beteendeförändring.

Val av åtgärder för att möjliggöra beteendeförändring (påverka beteendena i den topografiska analysen)

De paradigmatiska analyserna visar vad som förstärker överskotten och därmed vilka förstärkningar som måste minskas, elimineras eller utkonkurreras. De ger också uppslag till vilka positiva förstärkningar som saknas för att öka underskottsbeteendena eller vilka aversiva konsekvenser som tvingar fram undvikandena.

Om klienten inte motiveras av klientinformationen eller är helt ovillig, måste man kanske använda motiverande samtal för att bana väg för beteendeförändringen. Motiverande samtal är ett subtilt sätt att etablera nya omständigheter (EO) hos klienten. (Exempel på problemområden där klienten är ovillig eller omotiverad är missbrukare, kriminella personer, oförstående och stolta chefer, obstruerande tonåringar och i viss mån även barn).

Problem med intresset till förändring kan också handla om en grupp medarbetare inför omorganisation eller förändring av rutiner. Det gäller att påvisa fördelar (förstärkningarna) med åtgärderna. Det är att etablera omständigheter (EO) som gör det förstärkande för alla att delta. Alternativt skapa nya förstärkningar eller incitament.

Omedvetna patienter – exempelvis barn, psykiskt utvecklingsstörda personer – kräver vanligen att föräldrar eller andra omkringpersoner undervisas/informeras och involveras i behandlingen. Även yttre tydliga och kraftfulla förstärkare måste tillgripas.

Varje fullsinnad klient bör få en gedigen psykoedukation (utbildning i grundläggande beteendeanalys, som den främsta EO inför behandlingen. Metaforer och samtal om livsvärderingar är användbara hjälpmedel (EO), liksom logiska resonemang, jämförelser och motiverande samtal (motivational interviewing).

Patientinformationen (psykoedukationen) är den enskilt viktigaste etablerande omständigheten (EO) inför behandling och beteendeförändring.

Behandlingsmål – Beteendemål

I bästa fall kan klienten själv ha formulerat ett mål, men ofta är målet för denne endast bli av med sitt lidande eller få sitt problem löst – känslomål. Känslomål används inte i tillämpad beteendeanalys, utan konkreta beteendemål i enlighet med den topografiska analysen.

Ibland uttrycker klienten själv vilket beteende som är problematiskt överskott. Exempelvis "Jag vill sluta röka eller sluta dricka" och i något fall "Jag måste sluta spela på nätet. En insiktsfull patient inser problemet med att inte kunna säga ifrån, säga "Nej". Men i de flesta fall inser inte klienten själv vilka beteenden som måste påverkas eller förändras.

En chef är inte medveten om vad i hans beteende som får medarbetarna att obstruera. En patient med social fobi förstår inte att hans beteendevana att undvika middagar och bjudningar är förödande och vidmakthåller hans problem eller den deprimerade patienten inser inte att hans passivitet och undvikanden vidmakthåller hans nedstämdhet.

Idealt formulerar man beteendemål tillsammans med klienten. Känslomål undviks. När stora beteendeförändringar krävs eller när svårigheterna är stora, kan det vara nödvändigt att sätta upp delmål.

Beteendemål med omedvetna personer – barn, psykiskt funktionshindrade

När det gäller barn, psykiskt funktionshindrade och personer med neuropsykiatrisk problematik är det inte alltid möjligt att involvera klienten helt och fullt och att få dennes samtycke vad gäller beteendemål. Istället måste föräldrar, lärare, familj med flera enas om mål och behandling, så att alla medverkar genom att "dra åt samma och rätt håll". Konsekvent bemötande i alla situationer är det optimala.

Beteendemålen kan förändras

Det visar sig ofta senare i behandlingen, att de beteendemål man satt upp tillsammans med klienten är otillräckliga. Kanske har man haft en alltför låg ambitionsnivå. Målen är inte heliga utan kan förändras.

Val av insatser eller åtgärder

För val av behandlingsmetoder åtgärder av skiftande slag hänvisas till annan KBT-litteratur. Man väljer metoder som kan motiveras utifrån den gjorda paradigmatiska analysen (beteendeanalysen). Vanligtvis kombinerar man flera av grundmetoderna i tabellen nedan.

Tabell 2:8

Evidensbaserade grundmetoder/åtgärder

	Öka beteenden genom att förstärka	Minska beteenden genom att försvaga
Operanta motoriska och kognitiva	**Positiv förstärkning** • Differentiell förstärkning av inkompatibelt beteende (DRI) • Differentiell förstärkning av annat beteende (DRO) **Negativ förstärkning** **Vikariell förstärkning** – positiv och negativ **Rollspel** (Modeling) **Självimitation** (selfmodeling) **Teckenekonomi** (systematiserad förstärkningsmiljö) Beteendekontrakt. **Etablering av nya omständigheter (EO)** som gör förstärkningarna mera/ mindre kraftfulla: • Psykoedukation/undervisning om inlärningspsykologi • Övertalning, information • Motiverande samtal • Metaforer och tal om livsvärderingar	**Utsläckning** (genom att inte förstärka) **Inkompatibla beteenden** (konkurrera ut beteende genom att förstärka ett oförenligt beteende DRI) ex vis Habit reversal Minska som en konsekvens av teckenekonomi och beteendekontrakt för inkompatibla beteenden **Etablering av nya omständigheter (EO)** som gör förstärkningarna mindre kraftfulla eller eliminerar dem helt; • Övertalning, information • Motiverande samtal • Metaforer och livsvärderingar **Minska beteenden** genom att undertrycka • **Responskostnad** ex vis Negativ övning och böter
Inlärning av nya beteenden	**Insiktinlärning** **Instruktionsinlärning** **Modellinlärning** (inklusive självimitation) **Formning** Shaping av frekvens och av topografi med hjälp av förstärkningar	• **Aversiva konsekvenser,** bestraffning (vanligen oetisk och ineffektiv metod om den inte tillämpas som i lagidrotter – ges omedelbart, ges konsekvent och är kraftigt aversiv)

	Öka beteenden	Minska beteenden
Respondenta	**Exponering med responsprevention**	
	• In vivo, flooding eller stegvis i hierarki	
	• Imaginär exponering, Implosiv terapi (ex vis värsta tanken) eller Systematisk desensibilisering (äldre teknik)	
	• Acceptans exempelvis att tillåta närvaron av olusttankar	
	• Defusion (kognitiv frikoppling) dvs koppla loss och separera autonomt beteende (BR) från tanken/tolkningen (S-).	
	Identifiering av tidiga tecken på sympaticusreaktion för att vidta alternativa beteenden (exempelvis olika tekniker för aggressionskontroll)	
Autonoma	*Biofeedback* för att ge klienten omedelbar feedback och "shapa" påverkan av de autonoma reaktionerna.	*Biofeedback* för att ge klienten omedelbar feedback och "shapa" påverkan av de autonoma reaktionerna.
		Avslappningstekniker
		Tillämpad avslappning med differentiell och betingad avslappning

Boken *Idrottsglädje Prestation Utveckling – KBT för tränare, föräldrar och idrottare* innehåller till hälften konkreta fallbeskrivningar som tydligt visar kopplingen mellan beteendeanalys och val av grundmetoder och åtgärder.

Behandlingsprotokoll och manualer

Det kan vara både praktiskt och lockande att följa en manual för ett specifikt syndrom. Men manualer innehåller ofta delar som är onödiga i det enskilda fallet. De kan också sakna nödvändiga insatser eller åtgärder. Manualer för tvång kan exempelvis sakna insatser för hur man begränsar det de kognitiva tvångsbeteendena – tvångstankarna eller tröstetankarna.

På senare år har så kallat lågaffektivt bemötande vunnit stor popularitet inom habiliteringen. Detta kan ses som ett generellt men lösligt protokoll utan inlärningspsykologisk förankring, som kan ge helt oönskade resultat om det används utan gjord beteendeanalys i det enskilda fallet och situationen.

Om det lågaffektiva bemötandet uppfattas som ett förhållningssätt där föräldrar och personal om möjligt inte låta sig dras in i våldsamma konflikter, så vore det måhända i sin ordning. Men om det tolkas som att aldrig markera eller sätta gränser, utan att till varje pris undvika att provocera brukaren, då kan det vara förödande. Risken är då att det undfallande beteendet förstärker aggressiviteten hos brukaren. Bandura och Walters (1962) visade i en studie att om en passiv auktoritetsperson åser aggressivitet utan att tydligt markera

VAL AV INSATSER ELLER ÅTGÄRDER

eller ingripa mot den, då blir aggressiviteten värre i stunden än om auktoritet-spersonen inte alls hade varit närvarande. Den passiva auktoritetspersonen förstärker således det aggressiva beteendet med sin blotta närvaro. Brukaren kan dessutom lära sig att aggressivitet och självskadande beteende är effektiva beteenden att få sin vilja, vilket ökar problem på sikt. Personal och föräldrar lockas också att använda det lågaffektiva bemötandet genom att de undviker konflikter i stunden – de får negativ förstärkning. En ond spiral med ökande problem kan då skapas. Om det lågaffektiva bemötandet innefattar avledning eller distraktion medelst olika trick, föremål eller aktiviteter, som är förstär-kande för båda parter, då resulterar det i fortsatta problem.

Beteendeanalys gör det lättare att välja åtgärder ur protokollen och därefter skräddarsy, komplettera med andra insatser och krydda insatserna med egna åtgärder.

Vid behandlingsforskning med stora undersökningsgrupper (sampel) är man dock hänvisad till att strikt följa manualer och behandlingsprotokoll för att kunna dra vetenskapliga slutsatser. Men i den kliniska vardagen har man möjlighet att dissekera manualerna och se vilka verksamma inlärningspsykol-ogiska beståndsdelar de är sammansatta av. Därefter är det möjligt att välja det som passar enligt beteendeanalysen.

Forskning inom TBA är vanligen fallstudier (single cases) eller på små sampel. En eller ett fåtal klienter med likartad problematik blir då forskn-ingsprojekt. Den typen av forskning med tillämpad beteendeanalys är sär-skilt vanlig inom habiliteringen för förståndshandikappade med eller utan tilläggshandikapp som dövhet, blindhet och dövblindhet, där de individuella olikheterna är betydande och populationerna mycket små.

Terapeutens personliga förutsättningar

Förutom goda kunskaper i operant och respondent psykologi krävs god social förmåga och "fingertoppskänsla" (hittar inte ett bättre ord) hos terapeuten för att lyckas. Det innebär bland annat att upptäcka lämpliga ögonblick av möjlighet och att gripa dessa tillfällen i flykten. En slags finkänslig påpasslighet och förmåga att utnyttja de avgörande ögonblicken.

Social förmåga hos beteendeanalytikern – relationen till klienten

Känslighet för klientens reaktioner och beteenden, samt att därefter reagera på dem så att det gynnar det fortsatta samarbetet är värdefull. Detta är självklart, men trots det har jag haft flera psykologstudenter i handledning som inte har med sig de färdigheterna, när de börjat sin kliniska träning. Tyvärr saknar vissa av dem även detta när handledningen avslutas. Jag har därför funnit det angeläget att ge terapeutens beteenden särskild uppmärksamhet och upprätta en önskvärd terapeut-topografi.

Vilka beteenden krävs för att man som behandlare ska ha lättare att lyckas i det sociala spelet – vinna förtroende, entusiasmera, leda, förmedla kunskap, övertyga och aktivera.

- Att kunna smälta in och få klienten att känna att man inte kommer från två skilda världar är viktigt. Det betyder att man inte på något sätt till sitt yttre eller språkligt är irriterande eller provocerande. Det innebär att man "talar med bönder på bönders vis och med lärde på latin" (citat Erik Axel Karlfeldt). Man hittar patientens nivå och att anpassar sig till den inom sina egna naturliga beteenderamar. Det får inte kännas konstlat eller obekvämt, för det genomskådas lätt. Ordval, i vissa fall är förenkling nödvändigt både för att "gå hem" hos klienten och för det pedagogiska resultatet. Fackord eller snobbigt ordval kan skapa onödigt motstånd, liksom svordomar, vulgärt och ovårdat språk. Andra värdefulla beteenden är att förstå hur pass rakt på sak man ska våga gå. Man kan ibland behöva gå långa omvägar för att inte provocera eller oroa i onödan. Undvika att uttrycka sig så att man inte stöter bort, sårar, skrämmer eller irriterar. Inte bara de sociala beteendena är viktiga utan även klädsel, smycken, tatueringar kan utgöra etablerande omständigheter (EO) som gör det mindre förstärkande för klienten att lyssna, följa instruktioner eller fullfölja behandlingen. En patient (68 år) beklagade sig att hon hade besökt en tidigare terapeut för sitt problem, men att hon aldrig återvände till honom. "Han var barfota, hade smutsiga jeans och långt ovårdat hår." Att ha en genomsnittlig klädstil – varken för prålig eller för slarvig utan hel och ren – accepteras av de flesta klienter. Att brista på dessa punkter kan skapa en uppförsbacke i relationen och försvåra det gemensamma arbetet.

• Se tecken hos patienten på sorg, oro och kunna läsa situationen för att i ögonblicket ta upp saker i samtalet det på ett sätt som klienten upplever meningsfullt och inkännande. Jag brukar tala om att det ibland flyger "stekta sparvar" i rummet – tillfällen då information kommer fram som är av ny och särskild betydelse. Då gäller det att gripa tillfället och utnyttja det på bästa sätt. Hos de duktigaste studenterna förefaller dessa beteenden vara på plats redan innan de påbörjar sin kliniska träning. Andra förefaller ha svårt att träna upp beteendearsenalen. I rätt ögonblick ställa frågorna: Jag ser att du blev ledsen nu. Vad tänkte du nu och därefter följa upp med frågor är förtroendeskapande. Ibland kanske klinikern ser, men vågar inte tränga in och fråga av rädsla för att patienten ska få ångest eller råka i panik. En PTSD-patient, som hade varit hos en psykolog tidigare berättade, att när man kom in på hans hemska upplevelser och han kände paniken komma, började skaka, spänna sig och gråta, då blev han avbruten. Terapeuteten började ge instruktioner om avslappning, djupandning och diverse distraktioner. Hans önskan var att få genomleva känslan (exponera sig) och att sedan få prata om det, inte bli avbruten av en ångestfylld terapeut. KBT-terapeuten var okunnig om förlängd exponering och klienten blev frustrerad och sökte annan terapeut.

• Att uppmuntra och hålla hoppet vid liv om att problemet kan lösas, kan inte överskattas. Entusiasm och beteenden som vittnar om att terapeuten kan sin sak och förefaller ha varit med om detta tidigare, ger klienten mod och tillförsikt. Många patienter är oroliga över det som känns i kroppen och som för dem är obegripligt. Att i stunden kunna förklara sådant som klienten undrar över, kan göra att förtroendet ökas påtagligt. Det behandlas utförligt i kapitel 3 *Hjälpsam kunskap.*

Att hålla fokus på rätt saker

Att få en timma hundraprocentig uppmärksamhet från en medmänniska kan inte överskattas. Som terapeut är man därför för många klienter en mycket betydelsefull person med tillgång till kraftfulla sociala förstärkare. Framför allt sin uppmärksamhet som visar sig i genuint intresse, frågor, uppmuntrande kommentarer, nickningar, hummanden, leende och beröm – allt detta är förstärkande för klienten.

Genom att tänka i operanta termer kring samvaron med klienten i terapirummet, har man otroliga möjligheter att genom formning (shaping) få klienten att prata om sådant som gynnar behandlingen. Det är mera konstruktivt att tala om framtiden och vilka beteenden som bör förändras och uppmuntra till detta, än att älta gamla oförrätter eller upprepade gånger tala om klientens mående. Om man som terapeut inte håller tungan rätt i munnen kan man råka förstärka och till och med shapa klienten till att hitta på nya problem och därmed förlänga samvaron. Ja till och med göra patienten till en ältare eller i värsta fall till rättshaverist.

Om patienten har få privata vänner och kontakter, magert socialt nätverk och är socialt utsvulten så är det en kraftigt etablerande omständighet (EO). Allt som förlänger terapisamvaron blir oerhört förstärkande.

Jag misstänker att Tomas Quick erkände mord han inte begått på grund av terapeutens selektiva intresse för mord, med sina nickningar och frågor shapade (förstärkte fram) påhittade erkännanden hos den isolerade och socialt depriverade Quick. När man som Tomas Quick hade tillbringat den mesta tiden i isolering, då kan allt som förlänger samvaron bli lockande i stunden. Man kan till och med lockas till att fabricera historier då det förlänger gemenskap, uppmärksamhet och samvaro i stunden.

Under mina år som handledare har jag sett exempel på studenter som oavbrutet nickar och hummar oavsett vad klienter säger. Det leder till att klienten pratar fritt och att terapeuten blir ledd. Samtalet kan då komma att handla om sådant som klienten känner ett behov av att bli tröstad för – gamla oförrätter, missförstånd och orättvisor, istället för att tala om vad denne skulle kunna göra för att förändra sitt liv. Som terapeut vill man inte framstå som oempatisk, icke inkännande eller icke validerande och det är lätt att lockas till att låta patienten breda ut sig över samma hemska upplevelser gång efter annan.

Historien och uppkomsten av problemen bidrar sällan till lösningen och kan när de en gång avhandlats vanligtvis lämnas därhän, såvida det inte handlar om exempelvis PTSD och förlängd exponering. Det är framtida beteendeförändringar, överskott och underskott som ska påverkas.

Att lyssna och delta i patientens tal om sådant som varit kränkande, sårande eller "jobbigt" tidigare i livet och därvid visa medkänsla (compassion) kan vara förstärkande för terapeuten. Klienten visar tacksamhet i stunden och man vill som terapeut inte vara oartig, burdus och oempatisk.

Under den första sessionen är det naturligt att låta patienten breda ut sig med möjlighet att prata relativt fritt. Endast med ledande frågor för att kunna påbörja insamling av beteenden för den topografiska analysen.

Genom att förstärka patienten när denne talar om beteendeförändring, framtida målsättningar, vad som kan göras på sikt, kan behandlingen förkortas. Särskilt om det kombineras med ointresse för upprepningar av sådant som redan är framfört eller inte kan göras ogjort. Ointresset – syftande till utsläckning – kan bestå i att man inte längre ger hundraprocentig ögonkontakt, tittar på andra saker, börjar bläddra i sina papper, letar efter almanackan, reser sig för att leta efter en bok i bokhyllan osv. Om inte detta har önskad effekt kompletteras det med direkta påpekanden som:

– Idag ska vi prata om dessa punkter.

Och sedan hänvisa till en agenda om ältandet kommer. Eller:

– Jag minns att du har berättat det tidigare, men jag skulle vilja ta upp...

– Vi måste hinna prata om det här idag...

Patienten måste självklart få berätta sådant som känns viktigt, men terapisessionerna måste styras av den som förstår vad som är viktigt, för att beteendemålen ska kunna uppnås.

Israel Goldiamond utvecklade sin lösningsfokuserade behandling, där han medvetet använder operant psykologi i terapirummet för att shapa klienten att tala om sådant som kunde leda behandlingen i rätt riktning med beteendeförändring. Exempelvis om patienten säger: – Jag kanske borde börja motionera. Då svarar den leende terapeuten: – Ja, det är ju en jättebra idé. Jag är säker på att du skulle må mycket bättre om du gjorde det. Vad skulle du då kunna välja att göra?

Men terapeuten visar inget intresse när patienten återkommer till sådant som inte leder någonstans, såsom: – Jag blev förbigången på jobbet av Kalle för han är chefens svärson. Eller: – Min fru var otrogen för två år sedan och det kan jag aldrig förlåta. Terapeuten försöker på så vis att utsläcka prat som inte leder behandlingen framåt, genom att titta i sina papper, vända bort blicken och inte kommentera.

Använd gärna Goldiamonds lösningsfokuserade modell i samvaron i terapirummet. Detta arbetssätt har senare tagits upp och omformulerats något och kallas då Functional Analysis Psychotherapy (FAP).

Beteendeanalytiker med det operanta ögat kan med sina frågor, leenden, nickningar och hummanden få klienten att tala om sådant, som är gynnsamt för beteendeförändringen. Det gäller att medvetet använda sitt eget beteende för att påverka klientens agerande i terapisituationen.

Likeability (Att vara lätt att tycka om – trevlighet)

Termen 'likeability' kommer då och då upp vid tal om ledarskap, chefskap och som terapeut. Att ha förmågan – det vill säga ha tillgång till de beteenden som gör att man blir omtyckt – är en verklig tillgång i livet. Inte minst är det en tillgång då man vill påverka människor att förändra sina beteenden.

Likeability är inte en egenskap utan en rad beteenden som kan läras och tränas. Vilka beteenden leder då till att man blir gillad och omtyckt?

Det är sannolikt lättare att ange vilka beteenden som gör att en person inte blir omtyckt. Jag går dock inte i den fällan här. Definition av önskvärda beteenden är till större hjälp för den som vill förbättra sin likeability.

Vilka topografiska beteenden uppskattar vi hos människor? Vi tycker om personer som lyssnar aktivt på oss när vi talar. Vilka beteenden gör lyssnandet aktivt och visar på genuint intresse?

Personen:

- Tittar på mig i ansiktet/ögonen när jag talar.
- Ställer frågor som visar på intresse och att den har följt med och förstått vad jag har sagt.
- Ler och nickar när jag har sagt något betydelsefullt.
- Kommer med kommentarer och bidrar till resonemanget eller ärligt uttrycker en avvikande mening på ett respektfullt sätt.
- Kanske tillför något nytt i resonemanget, som kan lära mig något.
- Kan ibland ta ett nytt perspektiv på det jag just har sagt och som bidrar till att göra samtalet lite intressantare.
- Inte talar för mycket om sig själv utan ger mig chansen att tala. Taltiden fördelas någorlunda rättvist – vanligtvis 50/50, men i vissa sammanhang mera ojämnt beroende på speciella omständigheter. Fördelningen på sikt ska dock inte kännas obekväm för någon part. Terapisituationen är dock

speciell så där kan fördelningen av taltid varierar mycket under olika skeden i behandlingen.

Andra beteenden som den lättomtyckta visar:

• Försöker få med alla närvarande (i mindre grupp) i resonemanget och lägger inte beslag på en person, om detta inte är påkallat av särskilda skäl.

• Berättar gärna någon lustighet och skojar (gärna spontanhumor) utan att vara vulgär eller plump. Använder inte ironi men gärna lite lätt spontan självironi.

• Gör sig inte lustig på någon annans bekostnad.

• Visar intresse för mig som privatperson, men respekterar integritet.

• Undviker hårda eller fördömande ord, ser istället det positiva.

• Uppmuntrar och är tillåtande inom normala gränser. Kritiserar genom att ge förslag på alternativa beteenden (konstruktiv kritik).

• Visar respekt och talar inte illa om personer som inte är närvarande.

Att samarbeta med en terapeut som har 'likeability' – en kraftfull etablerande omständighet (**EO**) – gör det mycket förstärkande för klienten att anstränga sig för att vara till lags och fullfölja behandlingen.

Pedagogisk förmåga hos beteendeanalytikern ger "magi" i relationen

Att kunna förutsäga sådant som klienten ännu inte har berättat, men som visar sig vara riktigt, är kraftfullt för att vinna klientens förtroende. Det kan ge en känsla av magi, liksom förmågan att i stunden kunna ge trovärdiga förklaringar på klientens frågor och oro.

T: – Du säger att du upplever att det är svårt att andas när du får en panikattack. Blir du yr då också?

P: – Ja det stämmer.

T: – Är det också så att du undviker att dricka alkohol?

P: – Ja absolut. Hur visste du det?

Att därefter komma med en trolig fysiologisk förklaring fullbordar tricket. Det krävs att man är påpasslig och skicklig på att göra snabba analyser, för att kunna gripa tillfället i flykten och förutsäga sådant som inte har sagts. Fysiologiska förklaringar diskuteras och exemplifieras i kapitel 4 *Hjälpsam kunskap*.

Om terapeuten på ett begripligt och pedagogiskt sätt lyckas att förklara olika sensationer och fenomen kan klientens förtroende vinnas.

Boken Idrottsglädje Prestation Utveckling – KBT för tränare, föräldrar och idrottare innehåller till hälften konkreta fallbeskrivningar som tydligt visar kopplingen mellan beteendeanalys och val av grundmetoder och åtgärder.

Behandlingsprotokoll och manualer

Det kan vara både praktiskt och lockande att följa en manual för ett specifikt syndrom. Men manualer innehåller ofta delar som är onödiga i det enskilda fallet. De kan också sakna nödvändiga insatser eller åtgärder. Manualer för tvång kan exempelvis sakna insatser för hur man begränsar de kognitiva tvångsbeteendena – tvångstankarna eller tröstetankarna.

På senare år har så kallat lågaffektivt bemötande vunnit stor popularitet inom habiliteringen. Detta kan ses som ett generellt men lösligt protokoll utan inlärningspsykologisk förankring, som kan ge helt oönskade resultat om det används utan gjord beteendeanalys i det enskilda fallet och situationen.

Om det lågaffektiva bemötandet uppfattas som ett förhållningssätt där föräldrar och personal om möjligt inte låta sig dras in i våldsamma konflikter, så vore det måhända i sin ordning. Men om det tolkas som att aldrig markera eller sätta gränser, utan att till varje pris undvika att provocera brukaren, då kan det vara förödande. Risken är då att det undfallande beteendet förstärker aggressiviteten hos brukaren. Bandura och Walters (1962) visade i en studie att om en passiv auktoritetsperson åser aggressivitet utan att tydligt markera eller ingripa mot den, då blir aggressiviteten värre i stunden än om auktoritetspersonen inte alls hade varit närvarande. Den passiva auktoritetspersonen förstärker således det aggressiva beteendet med sin blotta närvaro. Brukaren kan dessutom lära sig att aggressivitet och självskadande beteende är effektiva beteenden att få sin vilja, vilket ökar problem på sikt. Personal och föräldrar lockas också att använda det lågaffektiva bemötandet genom att de undviker konflikter i stunden – de får negativ förstärkning. En ond spiral med ökande problem kan då skapas. Om det lågaffektiva bemötandet innefattar avledning eller distraktion medelst olika trick, föremål eller aktiviteter, som är förstärkande för båda parter, då resulterar det i fortsatta problem.

Beteendeanalys gör det lättare att välja åtgärder ur protokollen och därefter skräddarsy, komplettera med andra insatser och krydda insatserna med egna åtgärder.

Vid behandlingsforskning med stora undersökningsgrupper (sampel) är man dock hänvisad till att strikt följa manualer och behandlingsprotokoll för att kunna dra vetenskapliga slutsatser. Men i den kliniska vardagen har man möjlighet att dissekera manualerna och se vilka verksamma inlärningspsykologiska beståndsdelar de är sammansatta av. Därefter är det möjligt att välja det som passar enligt beteendeanalysen.

Forskning kan även bedrivas som fallstudier (single cases) eller på små sampel. En eller ett fåtal klienter med likartad problematik blir då forskningsprojekt. Den typen av forskning med tillämpad beteendeanalys är särskilt vanlig inom habiliteringen för förståndshandikappade med eller utan tilläggshandikapp som dövhet, blindhet och dövblindhet, där de individuella olikheterna är betydande och populationerna mycket små.

Förändringsarbetet – Behandling

På ett övergripande plan är tillämpad beteendeanalys enkel. När man väl insett vilka beteenden som ska förändras och hur, då återstår att förmå klienterna att förändra sitt beteende i de kritiska situationerna. Det svåra är ofta att förmå klienten att våga ändra sitt beteende då det inte räcker med att klienten förstår eller tänker rätt. Det är det ändrade agerandet/beteendet som är behandlingen. Det har hänt mig ett antal gånger att klienten vid avslut av en lyckad behandling säger:

– Du har lärt mig att tänka på ett nytt sätt.

Jag vill då inte vara näsvis och retlig, utan låter uttalandet passera. Men jag skulle vilja säga:

– Nej det har inte varit min avsikt, men jag har fått dig att ändra ditt beteende och detta har fått dig att tänka och känna på ett annat sätt.

Det tål att upprepas flera gånger att beteendeförändring vanligen föregår tankeförändring och alltid föregår känsloförändring. Tom Borkovecs ord: *Move your ass and your mind will follow.*

Man blir inte modigare om man fortsätter bete sig fegt.
Beteendeterapi handlar om förändring utifrån och in.

45

Figur 2:9 visar förhållandet mellan beteende, sympaticusreaktion och tankar. Punkt A är alldeles när behandling (beteendeförändring) påbörjats och punkt B är när beteendeförändringen pågått en tid.

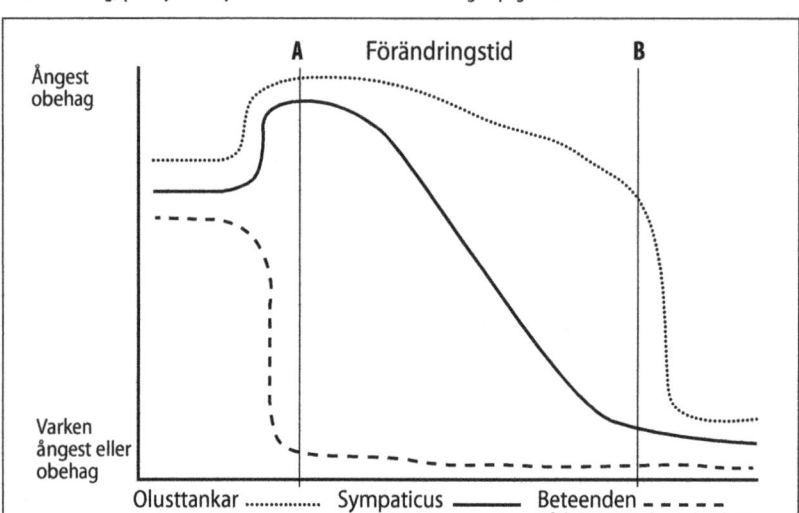

Beter jag mig mot hundar - - - - - som om jag inte är rädd för dem, då kommer min hundrädsla att försvinna på sikt. Ju flera och täta möten med hundar desto fortare kommer den fysiologiska förändringen ———— och tankeförändringen ················ följer så småningom.

Som en tidig konsekvens av beteendeförändringen sker en förändring av den fysiologiska delen av sympaticusreaktionen ('ångesten, ilskan'). Tankarna och tolkningen av det som tidigare skrämt eller irriterat förändras efter längre tid.

Det är omöjligt att tänka bort betingad rädsla. Den måste tränas bort. Information och övertalning som förändrar bedömning och tolkning av situationen (EO) kan dock göra det lättare att bete sig som om man inte är rädd och då börjar träningen.

Påverkan av tankar

Övertalning kan i bästa fall fungera som en etablerande omständighet EO, som gör det mera förstärkande att bete sig på annat sätt. Men den verksamma delen i behandlingen är alltid förändringen av de kritiska beteendena.

Det är inte nog med att chefen tänker annorlunda. Hon måste sluta med att undvika konflikter och det gäller för henne att börja agera mera modigt och inte ducka för de jobbiga samtalen. Man blir inte modigare genom att tänka på hur en modig person beter sig eller hur hon borde bete sig.

Om den kriminelle ynglingen tänker att det egentligen är fel att stjäla, men fortsätter med sitt kriminella beteende, då har inget väsentligt förändrats. Det räcker heller inte med att anorektikern tänker nytt, utan det krävs att denne börjar äta, slutar att övermotionera och räkna kalorier.

Panikångestpatienten måste med sitt beteende utmana rädslan och riskera att få panik. Gå in i varuhus, gå på bio, åka hiss, låsa in sig på toaletten mm. Allt detta är självklarheter, men ändå ägnas mycket tid till att påverka tänkandet som om detta skulle räcka som behandling. Att påverka tänkandet är dock en viktig del i att skapa motivation genom att etablera omständigheter (EO) för att bana vägen för verklig beteendeförändring.

Den motoriska beteendeförändringen är vanligen den verksamma behandlingen. Undantaget är behandling av ältande där beteendeförändringen gäller att inte tröstetänka eller självåterförsäkra sig. Beteendeförändring kan vara svår och olustigt att göra. Det kan vara klokt att upplysa om detta, så att en beredskap finns för de svårigheter som dyker upp.

Kort uttryckt så krävs det vanligtvis ett visst mod för att gå in och göra en beteendeförändring, för...

Mitt självförtroende förbättras om jag beter mig som om jag redan hade gott självförtroende.

I Acceptance and Commitment Therapy (ACT) talar man om att man ska bete sig i enlighet med sina värderingar. Det hela görs mera aptitligt (förstärkande) genom att man söker etablera omständigheter (EO) med hjälp av metaforer och tal om livsvärderingar. Som en ytterligare åtgärd använder man offentligt uttalade åtaganden (commitments) som gör att det kommer att kännas socialt bestraffande att inte fullfölja åtagandet/behandlingen. Commitments eller åtaganden gör det negativt förstärkande att fullfölja sin behandling, då man på så vis undviker skammen. Den accepterande attityden av att få och ha olust, ångest och obehag sörjer för att responspreventionen kommer till stånd – det vill säga att inga säkerhetsbeteenden används. I ACT förutsätter man att tillräckligt många och täta spontana exponeringar dyker upp i vardagen. Det kan dock bli alltför glest mellan de naturligt förekommande exponeringarna så att motbetingningen uteblir eller att spontan återhämtning av problemen håller liv i problemet. Min erfarenhet är att ett angreppssätt med ACT måste kompletteras med tillrättalagda, tätare, metodiska och systematiska exponeringar.

Spontan återhämtning eller "återladdning" av en tidigare respondent betingning (fobi) blir mycket tydlig vid längre uppehåll mellan exponeringarna. Eleven som tidigare haft skolfobi – som varit hemmasittare men övervunnit detta – märker att det jobbigare att gå till skolan på måndagen. På fredagen går det lättare efter en hel veckas exponeringar. Det är ännu jobbigare efter februarilov och jullov. Och efter sommarlovet kan fobin ha återhämtat sig helt.

Jag förordar att man inte bara förlitar sig på naturliga exponeringar som vid ACT, utan mera aktivt arrangerar extra och tätare exponeringar i stigande svårighetsgrad. Det påskyndar resultatet och förhindrar dessutom spontan återhämtning.

Alla medel som kan förmå klienten att vidga sin beteenderepertoar – motverka såväl undvikanden som att minska beteendeöverskotten – är hjälpsamma. Om det är möjligt prövas beteendena först i terapisituationen, tränas med modellinlärning och rollspel, för att sedan fullföljas som läxor att användas i naturliga situationer. Läxorna kan vara att aktivt söka upp och utföra de nya beteendena i förutbestämda betingade situationer i stigande svårighetsgrad.

Principen är lätt att ta till sig, men kan ibland vara svår att tillämpa. När en reell fara kan föreligga som vid exempelvis hälsoångest – patienten skulle ju faktiskt kunna vara sjuk, då är utmaningen särskilt stor. Att då avstå från att söka visshet och avstå läkarbesök, sluta läsa läkarböcker och inte googla sjukdomar, är en utmaning för klienten att göra och kanske också för terapeuten att föreslå.

Patienten måste då följa överenskommelsen att endast gå till läkaren, när mycket tydliga tecken på sjukdom – mycket hög feber, kraftig smärta, synliga förändringar – visar sig. För övrigt går man till vårdcentralen på schema – kanske en gång om året på hälsokontroll delvis beroende på ålder.

Den som låter sin oro och ångest styra beteendet, kommer på sikt att bli mera rädd och få mera ångest – respondent betingning.

V Utvärdering/avslutning

När avslutar man insatserna/ behandlingen?

När patienten har ändrat sin beteenderepertoar och de uppsatta beteendemålen har uppnåtts kan behandlingen avslutas.

Sällan blir behandlingen helt färdig tillsammans med beteendeterapeuten. Idealt har klienten lärt sig hur denne ska fortsätta att agera och kan därmed fullfölja arbetet på egen hand. Behandling med beteendeterapi är mera en inlärningsperiod, där klienten lär sig ett nytt sätt att bete sig för att problemen ska minska på sikt och så att de inte återkommer och förvärras.

Behandlingen kan avslutas även om klienten inte anser sig vara helt problemfri. Det viktiga är att de nya beteendevanorna är tillräckligt väl etablerade, för att inte falla bort när terapikontakten upphör.

Det händer ibland att klienten själv känner att 'nu är det dags' och det känns som att man inte har mera att jobba med och att terapeuten inte har mera att tillföra. Klienten fortsätter med sin nya beteenderepertoar på egen hand.

Min erfarenhet är att kostnadsfri behandling, gärna förlänger behandlingen. Det är mycket förstärkande att ha en vuxen person som lyssnar till hundra procent, särskilt om man är ensam och olycklig. Risken att bli antagen som en proffsvän av vissa klienter är stor.

När beteendemålen är uppnådda

När alla överskott- och underskotts-beteenden ändrats i tillräcklig omfattning föreligger inte längre diagnosen. När exempelvis anorektikern inte längre äter för lite, inte motionerar i övermått och inte räknar kalorier i ångestreducerande syfte och heller inte längre avstår från vissa maträtter, då uppfylls inte längre kriterierna för anorexidiagnosen. Patienten är enligt diagnoskriterierna botad även om ångest fortfarande förekommer och måendet inte helt problemfritt. När beteendemålen är uppnådda och risken för återfall i tidigare överskotts och underskottsbeteenden bedöms vara liten, kan samarbetet avslutas.

När beteendemålen inte är uppnådda

Om målen inte är uppnådda och man inte är tillfreds med resultatet av insatserna, trots att klienten har fullföljt behandlingen på ett korrekt sätt, då är det lämpligt att gå tillbaka för att se varför. Pilarna i flödesschemat (fig 2:2) visar att man vanligen går tillbaka till en funktionell analys (III) då det kan antas att man inte har lyckats hitta funktionen hos överskotts- och underskottsbeteendena eller inte har lyckats påverka rätt förstärkningar.

I vissa fall kan det ha dykt upp nya över- eller underskott och då måste den topografiska analysen (II) kompletteras.

Vidmakthållandeprogram

Det är alltid lätt att återfalla i gamla beteendemönster. För att rusta klienten att på egen hand bibehålla beteendeförändringen är det lämpligt att man tillsammans upprättar ett vidmakthållandeprogram. Där klargörs tydligt vilka konkreta beteenden som ska utföras och hur gånger i veckan/dagen/timmen under kommande månader. Frekvensen som anges i vidmakthållandet av beteendena kan trappas ner vartefter tiden går och vanorna blir alltmera etablerade.

Ibland kan det vara lämpligt med självregistrering som en metod för att hålla liv i och ytterligare befästa de nyvunna beteendevanorna. Självregistreringarna kan sedan vara underlag för uppföljning eller för gles kontakt exempelvis via mail. Alla möjliga upplägg som gynnar ett vidmakthållande kan och bör användas. Endast fantasin är gränsen för vad man kan komma överens om.

3. Hjälpsam kunskap

"An adequate science of behavior must consider events taking place within the skin of the organism, not as physiological mediators of behavior, but as part of behavior itself. It can deal with these events without assuming that they have any special nature or must be known in any special way. The skin is not that important as a boundary. Private and public events have the same kinds of physical dimensions."

Skinner: *The contingencies of reinforcement. (s 228).*

Få saker är så förlösande med en ny patient som att i stunden kunna ge en trovärdig – även om den inte är helt korrekt – förklaring till kroppsliga sensationer som patienten skräms av. Om man som terapeut kan förklara vad den obehagliga yrseln beror på, känslan att inte få luft eller inte kunna tänka klart beror på, då har man etablerat omständigheter som gör det mera förstärkande för klienten att lyssna och följa de instruktioner som terapeuten ger senare.

En större kunskap i neuropsykologi och framför allt det autonoma nervsystemets funktion är därför något som borde prioriteras i utbildningen av kognitiva beteendeterapeuter. Att leverera trovärdiga förklaringar med timing – i rätt ögonblick kunna skjuta från höften – kan vara undergörande för tilltro och allians.

Sigmund Freud lyfte psykologin ur medicinen. Skinner med flera lyfte behaviorismen ur psykologin. Nu är det dags att behaviorismen åter knyter an till den medicinska neuropsykologin, enligt min uppfattning.

Personer med ångest och depressionsproblematik är ofta hyperkänsliga för sina kroppsliga sensationer och tolkar därför många kroppsliga reaktioner som ångest, fastän det inte är det. Det är vanligt att de skannar kroppen efter tecken på kommande ångest som ett säkerhetsbeteende.

Under min grundutbildning till psykolog (utbildningen var tvådelad på den tiden) i Göteborg var inte det terapeutiska arbetet alls betonat. En av de två professorerna var i inriktad på reklampsykologi och marknadsföring och den andra på grundforskning inom fältet neuropsykologi.

Den terapeutiska skolning som gavs handlade företrädesvis om psykoanalys och psykodynamisk terapi. Endast en temadag som benämndes "Beteendeterapi" gavs.

Min examensuppsats kom att hamna inom neuropsykologin. Den handlade om ovarieektomerade honråttors estrusbeteende efter kontinuerlig injektion med undertröskliga doser av östrogen och under inflytande av Tetrabenazin (ett sederande preparat). Det vi konstaterade var att det sexuella beteendet (lordosisreflexen) hos honråttor finns hela tiden, men att den inhiberades mellan brunstperioderna.

Betydelsen av min uppsats för psykologin är tvivelaktig, men mitt val av inriktning innebar att jag tvingades läsa neuropsykologi, fysiologi, lite farmakologi och närliggande områden. Denna kunskap har jag haft stor nytta av i mitt terapeutiska arbete.

Patienter presenterar ofta oro och funderingar kring egna kroppsliga sensationer. De oroar sig för och kan till och med få ångest av hjärtklappning, skakningar, muntorrhet, kissnödighet, yrsel och tanke på svimning. Ibland har de kroppsliga sensationerna blivit betingade stimuli som triggar ångest, som hos panikångestpatienter. Att då som behandlare i stunden kunna ge en trolig förklaring till sensationerna är förtroendegivande. Trovärdighet och timing är ofta viktigare än medicinskt helt korrekt information.

Om jag inte haft förklaringen som direkt kunskap, så har jag ofta själv haft möjlighet att tänka ut och presentera något trovärdigt i stunden. Jag har improviserat och skjutit från höften. Trovärdiga förklaringar avdramatiserar och ger möjlighet till alternativa tolkningar till patientens felattribueringar.

Tala inte om ångest – tala hellre om sympaticusreaktionen

Att ersätta prat om ångest, panik och aggressivitet med prat om sympaticusreaktion har varit hjälpsamt för mig. Därför har jag gjort det till regel att ge min förenklade undervisning och mina förklaringar till ångestpatienter och även uppmuntrat mina handledda studenter att intressera sig för neuropsykologi.

Jag undervisar framför allt ångestpatienterna om det autonoma nervsystemet, respondent betingning (lille Albert) och generalisering, samt om motbetingning genom exponering med responsprevention (ERP).

Det autonoma nervsystemet eller limbiska systemet har två delar – det parasympatiska nervsystemet och det sympatiska nervsystemet. Parasympaticusreaktionen håller kroppens inre funktioner på rätt nivå till vardags – såsom kroppstemperatur, matsmältning, andning, puls med flera. Jag kallar detta kroppens vaktmästericentral. Sympaticusreaktionen däremot är en mobiliseringsreaktion som aktiveras vid tillfällen då något utöver vardagsanpassningen krävs – vanligtvis en förberedelse för strid eller flykt. På engelska kallas sympaticusreaktionen "arousal" – vakenhet. De båda reaktionerna står emot varandra. När sympaticus ökar så sker det på parasympaticus' bekostnad. Hela livet befinner vi oss mellan 0 och 100 sympaticus.

Figur 3:1

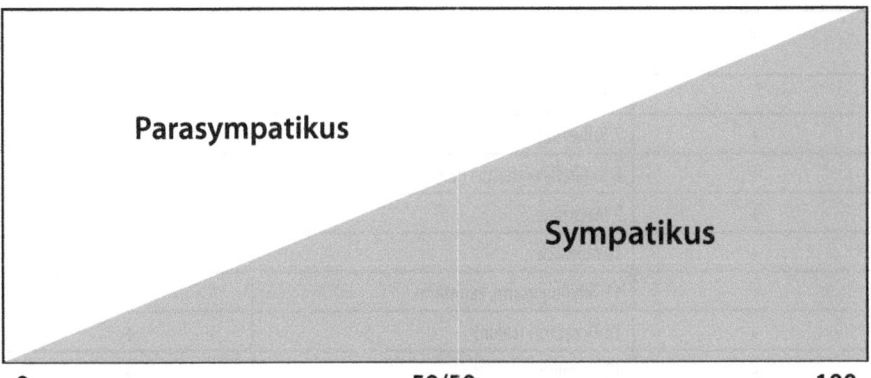

0	50/50	100
Kroppen återhämtar sig och går på sparlåga	Kroppen och huvudet är aktiverade och alerta	Kroppen maximalt aktiverad förberedd på strid eller flykt

Vi kan sekundsnabbt mobilisera kroppens resurser – öka sympaticusreaktionen. Det sker exempelvis när vi blir skrämda, upprörda eller arga. Mellan 0 och 50 sympaticus talar vi om vakenhet eller alerthet, inte om känslor. När vi befinner oss vid 50 är vår skärpa, vaksamhet liksom prestationsförmåga vad gäller intellektuella aktiviteter optimal. Över 50 sympaticusreaktionen kan känslor upplevas. Med allt mindre blod i hjärnan blir vi mindre klartänkta men fysiskt allt starkare. Anpassningen till att leva i en farlig värld som stenåldersmänniskorna gjorde, visar sig i det autonoma nervsystemets funktionssätt, där sympaticusreaktionen var livförsäkringen – räddaren i farliga situationer.

En förenklad översikt över vad som sker i kroppen vid respektive reaktion framgår nedan i tabell 3:2.

Tabell 3:2

Autonoma nervsystemet

Parasympaticus-reaktion
avslappning, återhämtning

Sympaticus- reaktion
arousal, stress, prestationsberedskap

-	1 Hjärta puls (blodtryck)	+
-	2 Blodkärl muskler armar och ben	+
+	3 Blodkärl buken	-
+	4 Blodkärl frontalloben (tankeförmågan)	-
+	5 Blodkärl huden, ansikte, händer och fötter jmf. "He got cold feet"	-
-	6 Svettning	+
+	7 Salivering	-
+	8 Sväljreflex (klump i halsen)	-
+	9 Matstrupe	-
+	10 Magsäck	-
+	11 Tolvfingertarm, tunntarm	-
-	12 Tjocktarm (colon)	+
-	13 Andning	+
-	14 Darrning, skakning (klonisk muskelaktivitet)	+
-	15 Muskeltonus (spänning)	+
-	16 Vaksamhet, uppspärrade ögon, vidgad pupill	+
-	17 Adrenalinutsöndring (stresshormon)	+

Det är viktigt att hålla i minnet att sympaticusreaktionen inte alltid är en del i just ångest. Den är bara en ökad aktivitet och handlingsberedskap.

Ångest är inte en naken fysiologisk reaktion, utan en sammansatt upplevelse, summan av en sympaticusreaktion och en obehagstolkning eller rädsletanke.

Sympaticusreaktionen ingår i andra känslor såsom eufori, entusiasm, ilska, upprördhet med flera. Jag ansluter mig här till såväl Skinner som Schachter och Singer och de senares tvåfaktorsteori om emotioner. Schachters studie, High brigde study, har blivit kritiserad men det hindrar inte att den kan ge klienterna en begriplig förklaring, förståelse och möjlighet till en nyanserad omtolkning av sina känsloupplevelser.

Schachter och Singer (1962) hävdar att sympaticusreaktion kan tolkas olika beroende på situationen och ge upphov till såväl positiva som negativa känslor beroende på situationen. Alla kraftiga känslor eller emotioner har delar av en sympaticusreaktion i sig. Det väsentliga som skiljer känslorna åt är hur vi bedömer, tolkar eller tänker i den situation som vi kopplar till sympaticusreaktionen.

Tanken gör halva känslan

Starka känslor är således en sammansättning av en fysiologisk reaktion (vanligen sympaticusreaktion) **BR** och tolkningen **S** eller bedömningen av situationen. Känslan skrivs därför **BR/S**.

Enbart sympaticusreaktionen **BR** kan därför inte sägas vara en specifik känsla som exempelvis rädsla, ilska, hat, avund, avsky, lycka eller eufori. Hur kroppen ska agera – fly, kämpa eller skratta och sjunga – avgörs i stunden av hur situationen tolkas.

Det är medvetandet och vår logiska hjärna som bedömer och tolkar situationen för att kunna avgöra om vi ska fly, slåss eller vidta annat lämpligt beteende. Tolkningen **S** av situationen ger således sympaticusreaktionen dess känslofärg. Blir tolkningen exempelvis farlig, hotande eller obegriplig, då kan min känsla bli rädsla.

Människan är inte naturligt försedd med farliga vapen, är varken stark eller snabb. Istället är hon helt beroende av att snabbt kunna bedöma om en situation är farlig. Trots sin fysiska underlägsenhet har hon klarat sig och detta är tack vare intelligensen, förmågan att tänka ut och bedöma faror i förväg och vidta åtgärder. Detta har ökat överlevnadschanserna.

Det är alltså tolkningen av situationen som avgör vad som ska göras vid uppkommen sympaticus.

Beroende på styrkan i sympaticusreaktionen så blir bedömningen olika och även valet av hur vi ska agera. Om faran är på långt håll väljer man ofta att stilla sig för att inte bli upptäckt – freeze. Strategin är att undgå upptäckt.

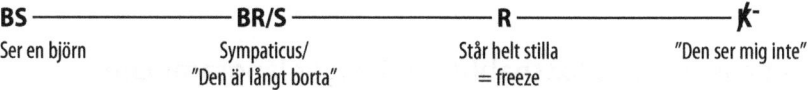

BS	BR/S	R	𝄢
Ser en björn	Sympaticus/ "Den är långt borta"	Står helt stilla = freeze	"Den ser mig inte"

Men om hotet är något närmare och vi kanske har blivit upptäcka, då gör tolkningen att vi väljer att fly.

55

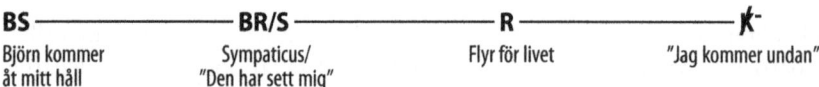

BS	BR/S	R	ḱ⁻
Björn kommer åt mitt håll	Sympaticus/ "Den har sett mig"	Flyr för livet	"Jag kommer undan"

Om flyktmöjligheterna inte längre finns och faran är stor faller valet av agerande på att slåss.

BS	BR/S	R	ḱ⁻
Björn nära	Sympaticus/ "Hinner inte fly"	Skjuter björnen "strid"	Björnen dör

Skulle tolkningen av situationen vara att vi ser oss fullständigt chanslösa då kan vi drabbas av kataton immobilitet – vi blir paralyserade, kraftlösa och oförmögna att agera.

BS	BR/S	R	ḱ⁻
Björn tätt inpå	Sympaticus/ "Jag dör nu"	Paralyserad faller till marken	Björnen är inte längre hotad och ger sig iväg

Dessa strategier har mejslats fram under evolutionen då de gynnat vår överlevnad.

Jag går i skogen och det knakar till bakom mig. Plötsliga och överraskande ljud är så kallade obetingade eller medfödda stimuli (**OBS**). Ljudet får mig att spritta till i en ögonblicklig sympaticusreaktion. Min vaksamhet ökar blixtsnabbt för att upptäcka eventuell fara och bedöma situationen. Det visar sig att det är min bästa vän som är ute på svampplockning och som trampade på en gren. Min tolkning/tanke blir, men så trevligt och känslan blir då till glädje och lättnad.

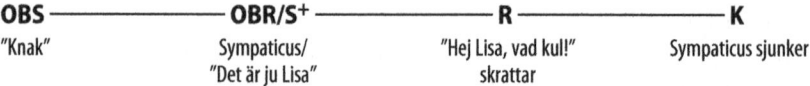

OBS	OBR/S⁺	R	K
"Knak"	Sympaticus/ "Det är ju Lisa"	"Hej Lisa, vad kul!" skrattar	Sympaticus sjunker

Starka känslor är summan av en autonom reaktion och tolkningen av situationen.

Sympaticus startas blixtsnabbt – avklingar långsammare

Sympaticusreaktionen är en stressreaktion som kan komma igång på bråkdelen av en sekund. Detta var stenåldersmänniskans livförsäkring. Utsöndring av stresshormonet adrenalin är en del av sympaticusreaktionen. Adrenalinet bidrar till höjningen av sympaticus.

Ibland undrar patienterna hur länge man kan ha ångest och menar att den aldrig släpper. Halveringstiden för stresshormonet adrenalin är två till tre minuter, så för en längre ångestreaktion krävs fortlöpande triggers (BS) som påspädning. Annars är adrenalinet borta efter 10 minuter.

Vid ett så kallat "elddop" – soldat ligger i skyttegrav under lång granateld – håller en synnerligen kraftig sympaticusreaktion i sig under cirka 45 minuter. Därefter orkar inte kroppen längre utan habituering sker. Detta är exempel på värsta sortens störtexponering med responsprevention också kallad "flooding".

Flygfobiker hävdar ofta att de har ångest under hela tiden de flyger om så resan pågår i åtta, tio timmar. Sannolikt går då ångesten i vågor och sympaticus triggas med jämna mellanrum av skrämmande tankar.

Känslan ändras om situationen förändras

En känsla kan blixtsnabbt byta skepnad. Den kan ske på bråkdelen av en sekund bli ilska från att ha varit ångest. Jag ser det som en stor fördel att ångestpatienten inser att allt som känns i kroppen inte är ångest.

Föreställ dig att du sitter i din bil och en annan bil kommer rusande rakt mot dig. Du får ett starkt sympaticuspåslag och tänker – Nu smäller det. Din känsla blir ångest – kanske dödsångest. I sista sekund lyckas den närmande bilen väja undan och faran är över. Du har då fortfarande kvar ditt kraftiga sympaticuspåslag, men de tankar du nu får handlar inte om att du ska dö. Nu förvandlas din ångest till aggressivitet och du skriker högt "Idiot" och ger honom fingret.

Ytterligare ett exempel på snabb känsloförändring: Din tonårsdotter är ute en lördagskväll med förhållningsorder att vara hemma klockan tolv. När klockan närmar sig ett börjar du bli orolig. Din sympaticusreaktion blir allt kraftigare och du vankar mellan fönstren och spanar efter henne. – Undrar varför hon inte ringer och varför hennes telefon är avstängd. Halv två har du tankar om att hon kan ha råkat ut för ett överfall, blivit våldtagen eller mördad. Din ångest är nu mycket stark.

Klockan tre hör du henne sätta nyckeln i låset och hon kommer in helt oskadad, nykter och aningslös. Du har din sympaticusreaktion i full gång, men nu förändras ditt tankeinnehåll, istället för att handla om hemskheter bubblar ilska upp: "Var har du varit? Varför ringde du inte? Förstår du inte att jag har varit jätteorolig?" Ångest har förvandlats till ilska bara genom att tankarna/tolkningen har förändrats.

Ibland kan man konstatera att barn som är tysta och ängsliga i skolan kan vara aggressiva och oregerliga i hemmet. Detta är ytterligare ett exempel på att sympaticusreaktionen leder till olika känslor och därmed andra beteenden beroende på situationen. Hemma är barnet inte rädd utan tryggt och vågar därför gå till anfall, bråka och skrika när sympaticus är hög. I skolan är tolkningen av situationen en annan och beteendet blir då till undvikande genom att göra sig osynligt, inte synas (freeze).

Sympaticusreaktionen är i sig själv inte ond eller ens obehaglig. I själva verket uppskattar många av oss och till och med söker upp kontrollerade sympaticuspåslag. Vi går på fotbollsmatcher för att få uppleva upphetsning det vill säga sympaticus. Vi tittar på skräckfilmer, spännande kriminalfilmer eller läser spännande romaner, hoppar bungyjump eller fallskärm, åker berg-o-dalbana allt i syfte att få uppleva sympaticus under frivilliga och kontrollerade former.

En mycket glädjande situation kan utlösa aggressivitet. Osvald en döv lindrigt utvecklingsstörd ung man blev lovad att få en riktig heldag i grannstaden som födelsedagspresent. Först skulle man åka till IKEA, därefter äta på hamburgerrestaurang och slutligen åka till simhallen. Osvald tyckte att det skulle bli en kanondag. Osvald var mycket upphetsad – mycket sympaticus – när man åkte iväg på morgonen. Under hela resan pratade han agiterat om vad som skulle ske under dagen. Väl framme och bilen parkerades utanför IKEA började Osvald slåss med personalen, till synes utan orsak. Resan fick avbrytas.

Osvald hade haft en så kraftig sympaticusreaktion på grund av positiva förväntningar, att han inte kunde kanalisera upphetsningen på rätt sätt. Aggressivitet blev urladdningen av den kroppsliga upphetsningen (sympaticusreaktionen).

Jag erinrar mig ett annat handledningsärende även det med personal och en autistisk ung man som slogs och sparkades då han blev extra glad. Personalen kunde inte förstå varför han slogs då han borde vara glad. Att han gjorde det när han var besviken och arg, var begripligt, men inte när han var glad.

I ACT har man tagit fasta på att känslan är summan av en kroppslig reaktion och en tolkning/tanke. I tekniken defusion (kognitiv frikoppling) separerar eller lösgör man tankarna S⁻ från de kroppsliga sensationerna BR. – Nu har jag tanken att jag dör och så har jag också hjärtklappning och muntorrhet.

Nedan följer en tabell som visar exempel på olika känslor/emotioner som kan bli resultatet beroende på tolkning av situationen och vilka beteenden det kan leda till.

Tabell 3:3

Situation	Sympaticus (BR)	+ tanke (S) tanke, tolkning	Tolkningen ger känslan	Beteende (R)
I varuhus (panikångestpatient)	Sympaticus	– Nu dör jag (S-)	Dödsångest, rädsla	Flyr, springer ut
Dito	Sympaticus	– Jag kvävs (S-)	Panik	Flyr för att få luft
Patient med social fobi	Sympaticus	– De ser att jag rodnar (S-)	Skam, ångest	Tar sig ur situationen
En dig underlägsen person kränker dig	Sympaticus	– Den jäveln ska få (S-)	Aggressivitet, ilska	Går till angrepp, slåss, skäller
Betraktar hemsk olycka	Sympaticus	– Fy vad obehagligt (S-)	Äckel, avsky	Tar sig bort, kräks
Någon talar högt i telefonen i tyst avdelning på tåget	Sympaticus	– Måste han prata så högt (S-)	Irritation	Klagar, tillrättavisar
Rättar tipset och finner att man vunnit	Sympaticus	– Jag har vunnit tio miljoner på tipset (S)	Glädje, eufori	Sjunger, dansar och ringer maken för att berätta
Står överst på prispallen i OS	Sympaticus	– Jag har vunnit guld i OS (S)	Stormande lycka	Brister ut i glädjetårar
Sitter i berg-o-dalbanan	Sympaticus	– Oh vad häftigt (S)	Svindlande sug i maggropen/glädje	Skriker
Läser spännande bok eller ser film	Sympaticus	– Ska han klara sig? (S)	Spänning, rysning	Läser/tittar vidare för att få veta hur det går
Kastar sig ut i bungy jump	Sympaticus	- Oh, vad häftigt (S)	Pirrande rädsla, upphetsning	Skriker
Ser känslig romantisk filmkomedi	Sympaticus	– De fick varandra till slut (S)	Klump i halsen	Ser färdigt och gläds med paret, fäller glädjetårar

Genom att förklara att de kroppsliga sensationerna kan leda till vitt skilda känslor, blir de mindre skrämmande och inte lika lätt feltolkade.

Att känna till känslornas sammansatthet blir en **EO** som förändrar framtida tolkningar och upplevelser av kroppsliga sensationerna.

Sympaticusreaktionen som helhet feltolkas

En morfar med panikångest kom gråtande till min mottagning och berättade att han hade haft panikångest i många år, men hade kunnat klara ut det. Min tolkning var att detta skett med hjälp av massiva undvikanden. Nu hade det emellertid gått för långt, tyckte han. Han kunde inte se sina barnbarn utan att drabbas av panik. Detta är exempel på felattribuering eller feltolkning och där sympaticusreaktionen i sig hade blivit betingat stimulus. Han blev rädd för sin egen sympaticusreaktion. När han såg sina barnbarn triggades sympaticus – stark glädje och rörelse. Han tolkade detta som annalkande panik.

Genom att beskriva sympaticusreaktionens beståndsdelar för honom och att den också är en del av stark glädje, sympati, eufori och överväldigande engagemang, fick han en ny syn på det som skedde i kroppen. Informationen (**EO**) fick honom att inse att sympaticus inte är skadlig eller farlig i sig. Han vågade åter ta upp umgänget med barnbarnen. En exponering genom att träffa barnbarnen och inte undvika dem.

En sedan nio månader avslutad panikångestpatient (Holger) kom till mig en måndag på uppföljningssession. Han kom in med vitt uppspärrade ögon och förklarade att han inte haft någon panikångestattack sedan vi avslutade behandlingen, men att han hade fått en panikattack så sent som i lördags kväll. Jag frågade var och varför. Holger hade varit inne hos sin granne och spelat på V65 för första gången i sitt liv. Han förklarade: – När sista hästen sprang in 719.000 kronor till mig, då fick jag panik – men jag var inte rädd. Holger kände igen de kroppsliga sympaticus-symtomen, men de åtföljdes inte av någon hemsk tolkning utan bara av förvirring. Han förstod inte riktigt vad som hände, men han tolkade det som ofarligt.

Medan morfar i exemplet ovan trodde att han verkligen fick panik av att se sina barnbarn, så fick Holger en tydlig demonstration av det jag vill alla ångestpatienter borde känna till.

Då ingen självklar tolkning finns

Då man inte kan identifiera någon orsak till ett starkt sympaticuspåslag, leder det ofta till feltolkning – rädsla eller ångest. Fenomenet benämns felattribuering (eng misattribution) eller feltolkning.

Ibland hinner eller lyckas man inte tolka eller förstå vad som är faran. En människas första panikattack och den brist på förståelse av vad som händer, gör den mycket skrämmande. Det är säkrare att tolka den som farlig än som något positivt, då det senare skulle kunna leda till döden. Evolutionen har mejslat fram denna preferens.

Första panikångestattacken leder ofta till en feltolkning/felattribuering – "hjärtinfarkt".

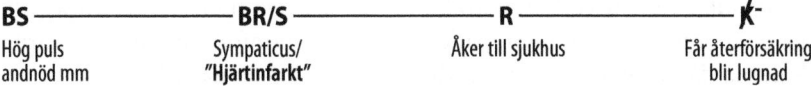

BS	BR/S	R	K⁻
Hög puls andnöd mm	Sympaticus/ "Hjärtinfarkt"	Åker till sjukhus	Får återförsäkring blir lugnad

Felattribueringen leder till ambulanstransport till sjukhuset. Där konstateras att det inte är hjärtinfarkt, vilket blir lugnande och kan ge upphov till respondent betingning. Därmed kan hög puls, andnöd och tanken "hjärtinfarkt" – bli betingade stimuli (triggers) för framtida panikattacker.

Olof (49) kommer till min mottagning. Han hävdar att han inte kan göra någonting utan att få panik. Olof är en före detta fotbollsspelare i högsta divisionen. Han har sedan länge slutat att träna. Det hela började med att han fick ångest under några joggingpass, vilket ledde till att han slutade springa. Numera är hans liv helt begränsat på grund av att han får panik för minsta lilla ansträngning. Han går inte till kiosken 300 meter bort för att köpa en tidning. Han klipper inte gräset, eller gräver i trädgården. Det sexuella undviker han. Allt som ökar puls, andning och svettning avstår han ifrån. Just dessa kroppsliga reaktioner/sensationer har blivit betingade stimuli, som utlöser panik. Olof är rädd för flera kroppsliga sensationer som ingår naturligt i sympaticusreaktionen.

Linda (25) har fått sitt första barn. Några dagar efter förlossningen då allt har lugnat ner sig får hon plötsligt en oförklarlig panikattack. Hon vet inte vad som utlöste den och hon vet inte vad hon är rädd för, men hon mår så dåligt att hon funderar på att ta sitt liv. När den tanken kommer blir det ännu värre – skulle hon göra det mot sin lilla nyfödda!

Linda har blivit skrämd av sina kroppsliga sensationer men förstår inte vad som skrämmer henne. Efter en förlossning händer mycket i kvinnans kropp, hormoner förändras, mjölkproduktion startar, känslovågor går genom kroppen. Linda är liksom många personer med en historia av OCD mycket intolerant mot att må dåligt, vilket gör henne att hon lätt tar till sina tvångsbeteenden – handlingar, undvikanden, återförsäkringssökande och tvångstankar (tröstetankar).

För Olof och Linda har hela eller delar av sympaticusreaktionen blivit betingade stimuli (**BS**). De vet inte vad som skrämmer dem så deras ångest ser alltså ut på följande vis **BR/S?**. De är likaså omedvetna om och förstår inte att det som sker i kroppen kan vara det som triggar sympaticus. Information och undervisning måste föregå exponeringsbehandlingen.

Hur ska då feltolkningar hanteras?

Om det handlar om en verklig feltolkning, så ska den naturligtvis rättas till. Den ska dock inte rättas till upprepade gånger och framför allt inte i de skarpa situationerna då sympaticus väckts. Men det klargörs en gång för alla, för att fungera som en etablerad omständighet (**EO**). Om denna sedan skulle användas som ett mantra i samband med stark ångest och i skarpa situationer, då skulle den i värsta fall fungera som ett säkerhetsbeteende och bädda för vidmakthållen respondent betingning.

Varje lugnande beteende – tröstetanke eller annat – riskerar att hålla liv i den betingade sympaticusreaktionen.

> Feltolkning eller misattribuering rättas en gång för alla (**EO**) med undervisning, vilken syftar till att göra känslan **BR/S** begriplig fortsättningsvis och därmed mindre bestraffande eller skrämmande.

Om olusttanken (**S⁻**) å andra sidan är en korrekt tolkning av situationen och känslan därmed varnar för en verklig fara, bör klienten naturligtvis agera med flykt eller undvikande. En verklig tiger ger tanken "livsfarligt", då flyr man. Detta är självklart, men vid tvång (OCD), GAD är det just osäkerheten eller tveksamheten om farligheten är verklig som är problemet.

Tvångspatienter hamnar ofta i ett ältande om olusttanken eller tvivlet är en korrekt tolkning eller feltolkning. Då OCD-patienter hamnar i denna tvekan är mitt råd att alltid välja och bestämma att det är en feltolkning. Tvekar man det minsta, så är det sannolikt en feltolkning. Verkliga faror är tydliga och när en verklig fara uppträder, råder inget tvivel. Ett nytt och inte ovanligt tvångstema vid OCD-behandling kan annars bli – gör jag rätt eller fel i behandlingen och söker efter återförsäkringar. Patientens strävan att göra rätt i behandlingen leder då till att det blir fel i behandlingen.

OCD är utifrån detta resonemang ett högfrekvent felattribuerande (feltolkning vid sympaticus) och GAD ett överdrivet och generaliserat varningsattribuerande.

> Känslan är sammansatt av sympaticusreaktion **BR** och tolkning **S** av situationen och bildar en negativ känsla **BR/S⁻** eller positiv känsla **BR/S**. **BR** kan aldrig vara en tanke, utan är en reaktion i det autonoma nervsystemet.

Några exempel på förklaringar för att undvika felattribuering

Kalla kårar, rodnande och svettning (5, 6 i tabell 3:2 ovan)

Att man fryser, blir kall om händer och fötter och får gåshud när man har ångest är helt i sin ordning. Blodet omdistribueras till musklerna från hud, händer och fötter samt från frontalloben, vilket är kroppens sätt att förbereda sig på flykt eller strid. I och med att blodkärlen i huden dras samman så sjunker temperaturen något lite. Detta räcker för att ge gåshud och att håret ska resa sig. Jämför med en arg hund eller katt – raggen reser sig. Man får kalla kårar, man ryser och fryser samtidigt som man svettas – kallsvettning. Ångestpatienter kan uppleva dessa sensationer som obehagliga och skrämmande. En normaliserande förklaring kan inte skada.

Svettning som är en naturlig del i sympaticusreaktionen kan bli skrämmande – kan bli betingat stimulus för panikattack.

Arne arbetade som svetsare på ett större företag. Sista dagen före semestern satt han på stor oljetank och svetsade timma efter timma. Solen gassade och plåten han satt på kändes brännande het och svetten lackade om honom. Det hade varit stressigt de senaste dagarna med att hyra husvagn och ordna allt inför semestern. Arne ville gärna komma ifrån lite tidigare då man hade en färja att passa samma kväll.

Stressen stegrades alleftersom och plötsligt fick Arne ett kraftigt sympaticuspåslag. Hjärtat hamrade och han blev yr och kände som om han skulle svimma. Han avbröt svetsandet och tog sig ner från tanken och in i skuggan. Ambulans tillkallades och tog honom till sjukhuset där man konstaterade att han hade drabbats av en panikångestattack.

Från den dagen skydde Arne värme. Semestrarna gick inte längre till södern utan till Norrland och företrädesvis inte på sommaren. Han slutade även med bastubadande och höll sig alltid i skugga på sommaren.

Efter det att Arne fått klart för sig att svettning är en naturlig del av sympaticusreaktionen och att hans undvikande av värme och svettande endast vidmakthöll hans rädsla för svettning, blev det enklare för honom att exponera sig för just värme och svettning.

Rädsla för att rodna (5 i tabell 3:2 ovan)

Birger hade social fobi med rädsla för att rodna och även att svettas. Han hindrade därför familjen från att umgås med släkt, grannar och vänner på sommaren. Svettningar hade blivit betingat stimulus. Än värre var det med rodnandet, som är svårbehandlat och kräver en lite längre förklaring.

När man har en kraftig sympaticusreaktion blir man blek i ansiktet, eftersom blodkärlen i ansiktet dras samman. Just detta ställer till det för personer med rädsla för att rodna (social fobi/erytrofobi). Så länge ångesten (sympaticus) är hög är ansiktet blekt, men så fort personen slappnar av (parasympaticus) kommer blodet åter. Det betyder, att när erytrofobikern slappnar av i den stressande situationen – vilket är syftet med exponering med responsprevention – då kommer genast rodnaden. Bestraffning i form av rodnad kommer som en följd av avslappning. Rodnaden i sig är ett betingat stimulus (BS) som omedelbart triggar en ny sympaticusreaktion – som tar bort rodnaden dvs negativ förstärkning. Avslappning blir farlig och bestraffande då sympaticusreaktionen kommer som en befriare, räddare och en flykt från rodnandet. Ett moment-22-tillstånd inträder, som man bör beakta vid behandling av erytrofobi. Information om detta förhållande (EO) kan göra patienten mera förstående och därmed villig att gå in i behandlingen. Behandling av erytrofobi med exponering med responsprevention utan denna förklaring kan kännas otänkbar och skrämmande, ja fullständigt omöjlig.

Erytrofobi är mycket deprimerande då det ofta leder till isolering, ensamhet och hopplöshet. Erytrofobikern bör få veta att det är ett framsteg när rodnandet kommer och inte ett misslyckande utan en förutsättning för bot. Att hålla rodnandet kvar är det som ska eftersträvas och som är ett tecken på rätt genomförd behandling. Exponeringarna blir till en början mycket plågsamma.

Tjocktarmen (12 i tabell 3:2 ovan)

Den enda del av matsmältningskanalen som blir mera aktiv vid sympaticus är tjocktarmen (colon), vilket också kan vara intresse för den som har agorafobi – rädsla för att vistas på platser där det inte finns omedelbar tillgång på toalett.

Det skojas ibland om att man kan bli så rädd att man gör i byxorna. Det har en reell bakgrund. Informationen har förklaringsvärde även för klienter med IBS (Irritable Bowel Syndorme). Att matsmältningen ställs på sparlåga vid sympaticusreaktion, bortsett från tjocktarmen har varit evolutionärt gynnsamt. Att ödsla energi på matsmältning, då all energi behövs för flykt eller strid vore förödande liksom att släpa på sådant som ändå ska rensas bort. Även patienter med agorafobi, som begränsar sitt rörelseområde och sitt liv på grund av rädsla för att göra i byxorna, kan få en ny syn (EO) på sitt problem av information. Att tjocktarmen blir aktiverad är ett faktum, men så aktiverad att det resulterar i tömning sker bara vid extremt hög sympaticusreaktion – inför verkligt dödshot, bombanfall eller granatregn över skyttegrav.

Jag har aldrig träffat någon som ofrivilligt tömt tarmen på grund av hög sympaticusreaktion.

Svårt att äta (7, 8, 9, 10, 11, 12 i tabell 3:2 ovan)

Att man blir muntorr vid sympaticusreaktionen kan vara värdefullt särskilt för anorektikern att känna till. Det gör att tuggan blir som en torr klump som bara växer i munnen. Därtill kommer att sväljreflexen försvagas, rörelserna i matstrupen avstannar liksom aktiviteten i magsäck, tolvfingertarm och tunntarm. Svårigheten att äta får en praktisk förklaring, som kan medverka till på ett kognitivt plan att förklara och avdramatisera problemet.

Illamående (9, 10 i tabell 3:2 ovan)

Har man ätit och får ett sympaticuspåslag kan det kännas som om maten står ända upp i halsen. Det kan kännas som om man måste kräkas. I sällsynta fall framkallas kräkning. Agorafobiker med rädsla för att kräkas okontrollerat kan ha nytta av att veta, att illamående är en naturlig del av sympaticus, men att faktisk kräkning är synnerligen ovanlig.

Tröstätande (9, 10,11, 12 i tabell 3:2 ovan)

Autonoma nervsystemet är möjligt att påverka marginellt. Ett sätt att lura sig till lugn det vill säga parasympaticusreaktion är att engagera matsmältningsapparaten. När man äter engageras flera funktioner som är en del av parasympaticus exempelvis magsäcken, tolvfingertarm och tunntarm. Blodet omfördelas till buken och energi används till matsmältningen. De flesta känner till begreppet "paltkoma" som syftar på den trötthet eller slöhet som inträffar efter en kraftig måltid. Många personer som har svårt att somna tar en smörgås och ett glas mjölk på kvällen för att bli dästa och personer med ångest eller oro kan söka sig till kylskåpet i samma syfte. På vissa hotell finner man en chokladbit på huvudkudden.

Hård motion (1, 2, 3, 6, 13, 15 i tabell 3:2 ovan)

Om man tar ut sig kraftigt exempelvis genom att springa så att andning, puls, svettning verkligen kommer igång, då lurar man sitt nervsystem och sin kropp till stor del att bete sig som vid en stark sympaticusreaktion – kanske som en panikångestattack. Skillnaden är att organen startas av den fysiska ansträngningen och inte av ett tänkt eller upplevt hot.

Om så ansträngningen hålls uppe en halv timma så tröttas hjärta, muskler och lungor ut och efter motionspasset infinner sig ett lugn - parasympaticus. Motionerande kan således användas som ett ångestsänkande säkerhetsbeteende, om det endast används i detta syfte. Men det bör med fördel användas på ett sunt sätt att komma till ro, då det också leder till bättre fysisk och styrka samt ett allmänt bättre mående på sikt.

Andning (13 i tabell 3:2 ovan)

Vid sympaticusreaktionen provoceras vi att öka vår andning (att hyperventilera). Det är en förberedelse för strid eller flykt för att förse musklerna med syre.

Först börjar vi sucka, därefter måste vi ta djupare andetag då det kan kännas som om vi får för lite luft. Många panikångestpatienter upplever ett tryck över bröstet eller som om någon håller stryptag. Andningen och de sensationer som den ger blir ofta skrämmande betingade stimuli (**BS**).

Hyperventileringen i sin tur ger upphov till olika kroppsliga sensationer, som var för sig eller tillsammans kan bli betingade stimuli (trigger). Jag har som standardförfarande att berätta för panikångestpatienter hur och varför hyperventileringen kan ge upphov till yrsel, stickningar/domningar i händer och en rad andra sensationer.

Clarks cirkelmodell för panikångest kan ges med lite extra information som gör den än mera trovärdig. Förklaring till varför yrseln och sensationerna uppstår vid hyperventilering (överandning) avdramatiserar och etablerar en större motivation.

Hyperventileringen leder till överskott på syre, men framför allt till ett underskott på koldioxid, om inget ökat muskelarbete som flykt eller strid sker samtidigt. Vår kropp består till 67 % av vatten och i detta vatten finns koldioxiden upplöst – alltså som ett mycket svagt bubbelvatten. Vattnet med koldioxiden omsluter nervcellerna. Vid hyperventilering uppstår ett underskott på koldioxid (s k acapnea eller hypocapnea). Underskott på koldioxidjoner runt nervcellerna stör nervcellernas funktion.

Många ångestpatienter har några företeelser i sin egen kropp, som de oroar sig för och som är obegripliga, känns skamliga eller har blivit betingade stimuli.

Begriplig och klientanpassad information kan aldrig överskattas.

Hypocapnea orsakar sammandragning av blodkärlen i hjärnans frontallob, till yrsel, ibland till synstörningar (tunnelseende eller svarta prickar) och öronsus. Ofta med svårigheter att tänka klart eller dåligt omdöme som följd och ibland även till okoordinerade rörelser. I extremfallet kan det leda till blackout. De flesta patienter har erfarenhet av att blåsa upp en luftmadrass. De känner då igen yrsel, ibland även synpåverkan som svarta prickar eller tunnelseende. Hörseln kan påverkas och eventuellt tinnitus kan förvärras. Särskilt skrämmande är stickningar och domningar i händerna vanligtvis lillfinger och ringfinger eller i ansiktet. Tankarna leds då lätt till felattribueringen "hjärtinfarkt" eller "stroke". Lång och omärklig överandning kan slutligen leda till överraskande knäsvaghet och tunga ben, skakningar i benen som i kombination med yrsel blir särskilt skrämmande.

I tur och ordning uppkommer vanligen följande symtom vid hyperventilering:

- Yrsel
- Eventuellt synpåverkan och/eller hörselpåverkan
- Stickningar/domningar i händer/ansikte
- Knäsvaghet och tunga ben.

Efter genomgång blir det än mera klargörande för patienten att själv hyperventilera. Om patienten vågar blir allt plötsligt begripligt och mindre skrämmande. Hyperventileringen blir samtidigt en första exponering för de inre sensationer som hunnit bli betingade stimuli.

En gymnasist kom tillsammans med sin mor till min mottagning. Pojken hade vid en filmvisning, av hur man satte in ett datachip under huden på en människa, börjat må illa och lämnat salen. Han gick tillbaka när filmen hade avslutats. Senare på rasten hade han åter drabbats av illamående, yrsel, flimmer för ögonen, domningar i händerna och allmänt kraftigt obehag. Det hela hade känts skamligt och dessutom var han skrämd över alla dessa obehagliga sensationer i kroppen. Tanken på och rädslan för att det skulle kunna hända igen, gjorde att han kom till mig.

Efter genomgång var han beredd att hyperventilera och den upplevelsen var skrämmande men samtidigt klargörande.

Blodkärlen i frontalloben (4 i tabell 3:2 ovan)

Personer med depersonalisationsstörning eller starka panikångestattacker klagar över att de stundtals är frånvarande och ovetande om vad de har gjort eller upplevt. Vissa beskriver det som om de blir precis "blanka i huvudet". Detta skrämmer och de vill gärna ha en förklaring.

Det är sällan tillräckligt att bara tala om att de har sin uppmärksamhet så koncentrerad på hur de mår, att de inte har någon uppmärksamhet kvar till att vara medvetet närvarande. Det är mera övertygande och fungerar som en etablerande omständighet (**EO**) att beskriva vad som sker med blodkärlen i frontalloben vid sympaticuspåslag. Vid stark sympaticusreaktion dras blodkärlen i frontalloben samman. Hela 70 % av blodflödet i frontalloben kan tryckas bort vid extremt hög sympaticus. Vanligen upplever man vid så kraftig minskning av blodflödet en blackout.

Vi får svårare att vara logiska och att tänka klart vid stark sympaticusreaktion – ångest, ilska, upprördhet. Förklaringen kan göra frånvarokänslan mindre skrämmande. Informationen kan också vara till hjälp för klienter som förebrår sig att inte hitta det rätta svaret, när de blir upprörda, känner sig angripna eller kränkta. Vi blir helt enkelt fördummande. De rätta svaren och replikerna kommer förargligt nog inte förrän vi har kommit ur den provocerande situationen och lugnat ner oss och blodflödet har normaliserats i frontalloben.

Prestationsångest med misslyckade tentamensresultat
(4 i tabell 3:2 ovan)

En mycket ambitiös student vid tekniska högskolan ringde och förklarade att han alltid presterade sämre vid tentamina än annars. Han kunde till och med bli underkänd fastän han hade behärskat ämnet och matematiken dagen innan hemma. I tentamenssituationen blev han "alldeles blank" i huvudet. På mellanstadiet hade han alltid varit den duktigaste i klassen. Han hade fått bästa betyg utan att anstränga sig. På gymnasiet hade dock problemen debuterat.

Problemen visade sig även på andra områden. Då han var en duktig ishockeyspelare hade han varit utbytesstudent i USA. Han hade varit en mycket framgångsrik – på träningarna, men misslyckats på de betydelsefulla matcherna. Förtvivlad undrade han varför detta skedde eller hur han skulle lösa problemet. Det hjälpte inte att plugga mera. Problemen tycktes snarare bli värre. Varför blev det på detta vis?

Förklaringen om blodkärlen i frontalloben vid nervositet (sympaticusreaktion) gavs. Problemet var dock inte löst med detta, men han kunde nu inse att det var en nackdel att vara alltför angelägen att prestera på topp.

Vår mentala skärpa är på topp mitt emellan fullständig avslappning och värsta paniken – mellan parasympaticus och sympaticusreaktionen. Engelsmännen använder ordet arousal (vakenhet) för sympaticusskalan.

Hans misslyckanden berodde på att han var alltför angelägen, alltför tänd och hade alltför hög sympaticusnivå för att prestera optimalt. Det problem som nu skulle lösas var att sänka ambitionsnivån i de skarpa situationerna.

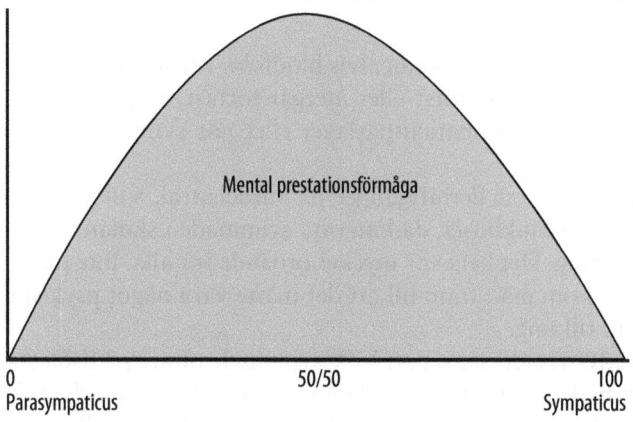

0   50/50   100
Parasympaticus   Sympaticus

Hur skulle han förmå sig till att bete sig som om varje tentamenstillfälle endast var en betydelselös övning eller träning? Genom att intala sig att han kunde tentera ytterligare en gång senare ifall han skulle misslyckas och att inte eftersträva toppenresultat, skulle hans stressnivå (sympaticusreaktion) kunna sänkas. Vidare fick han instruktionen att inte alltid försöka vara bäst, utan genuint nöja sig med godkända resultat. Detta visade sig vara svårt både för honom och framför allt för hans mycket ambitiösa föräldrar. För dem var det ologiskt att anta en chansa-attityd och att en sänkt ambitionsnivå kunde leda till bättre resultat. De menade istället att mera pluggande och höga målsättningar var vägen att lösa problemet.

I sitt umgänge med kamrater hade han haft problem med att alltid vilja vara bäst för att vinna erkännande och vänner, vilket istället hade gjort honom mindre populär. Då han inte blev populär blev det ännu viktigare för honom att bli ännu bättre för att vinna vänner. Han gjorde mera av det som stötte bort kamraterna. Mantra som jag föreslog: Vem vill vara tillsammans med den som alltid måste vara bäst?

Modern, själv framgångsrik civilingenjör, avbröt behandlingen då hon inte kunde förstå hur det skulle kunna hjälpa sonen att sänka ambitionsnivån.

Svimning - blodkärl i frontalloben och blodtryck
(1 och 4 i tabell 4:2 ovan)
Vid sympaticuspåslag kompenseras de sammandragna blodkärlen i frontalloben vanligen av det ökande blodtrycket i kroppen som helhet, så att blodflödet i frontalloben påverkas mindre än det annars skulle göra. Men om dessa reaktioner inte uppkommer samtidigt så kan ett blodunderskott (akapnea) i frontalloben uppstå och resultera i svimning.

Det är vad jag tänker mig sker vid exempelvis blodfobi. Beroende på vilket av de två funktionerna som startar först eller återgår fortast, avgör om personen ska svimma i början av sympaticuspåslaget eller när sympaticus åter sjunker.

Ville (14) hade undersökts ett flertal gånger på vårdcentral, sjukhus och slutligen även på Karolinska Sjukhuset, då han ofta svimmade i skolan. Ingen kunde hitta någon förklaring. Det hela var mycket oroande för alla. Inte minst Villes föräldrar. Slutligen kom man fram till att det måste vara något psykiskt och Ville blev remitterad till mig.

Vid min beteendeanalys visade det sig att Ville svimmade oftare på tisdagar och den senaste gången hade han svimmat cyklande på väg till skolan och fallit handlöst till marken. Tisdagar startade med engelskalektion. Det hör till saken att Ville har svårt för engelska och är dessutom rädd för läraren.

Under samtalet nämnde Ville i förbigående att hans bror hade svimmat när man tog sprutor i skolan. Min gissning blev att Ville och hans bror hade samma nedärvda osynkroniserade autonoma nervsystem, så att brist på blod i frontalloben uppstår vid sympaticuspåslag eller avslag. Jag vet inte om min analys var riktig, men den var till hjälp då jag valde åtgärder för att motverka svimningarna och den fungerade även som lugnande förklaring (EO) för Ville, hans oroliga föräldrar och skolpersonalen.

Mina förklaringar (nedan) till svimningarna kanske inte var medicinskt korrekta, men tillräckligt logiska och trovärdiga för att fylla sin uppgift och avdramatisera (EO). Samtidigt kunde de motivera Ville att träna på att använda kontrollerad spänning för att förhindra svimning.

Figurerna nedan visar ett sätt att förklara varför personer kan svimma i samband med sympaticuspåslag.

Figur 3:3 visar hur blodmängden/flödet (heldragen linje) hålls på konstant nivå när blodkärlens sammandragning kompenseras av samtidig allmän blodtryckshöjning vid sympaticuspåslag. Personen svimmar inte då blodflödet (heldragna linjen) inte påverkas negativt, utan hålls mer eller mindre konstant.

Figur (3:4) visar hur blodflödet i frontalloben minskas då sympaticusreaktionen startar. I detta fall dras blodkärlen samman (streckad linje) innan det ökade blodtrycket (streck-prickad linje) hunnit kompenserat för detta. Följden blir att blodflödet i frontalloben minskar (heldragna linjen). Blodfobikern svimmar före eller i samband med att sprutan ska ges, då sympaticusreaktionen startar.

Figur 3:3 När sympaticus fungerar synkront – ingen svimning

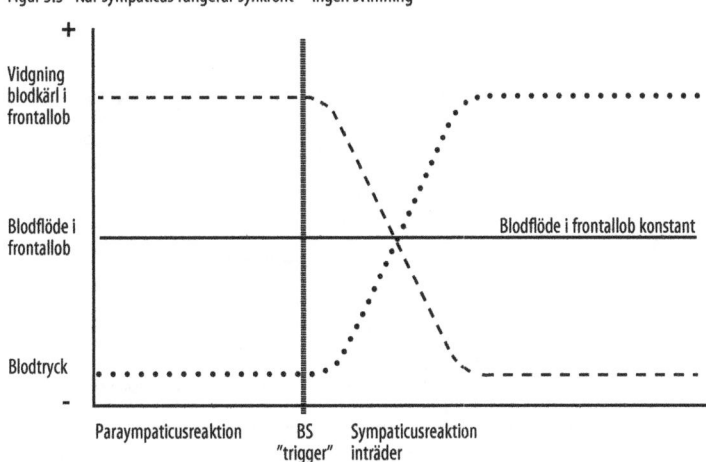

Figur 3:4 När sympaticus inte fungerar synkront –
svimning vid sympaticusstart

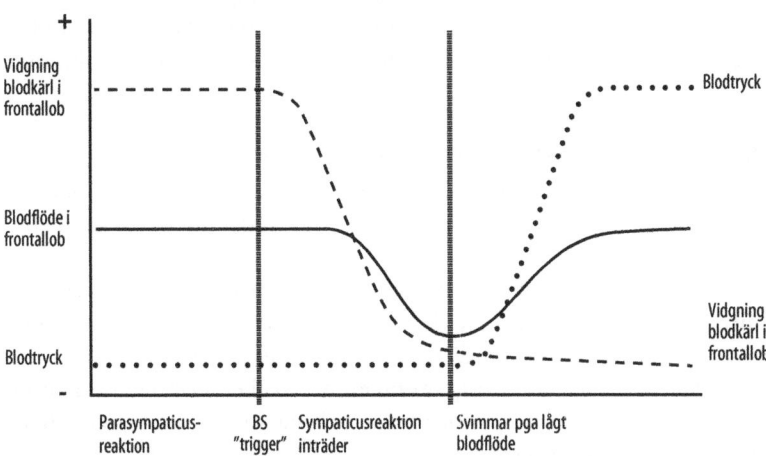

Slutligen visar figuren (3:5) nedan hur blodflödet i frontalloben kan minska (heldragna linjen) i samband med att spänningen släpper (sympaticus åter sjunker) och faran är över. Blodtrycket i kroppen sjunker snabbare (streck-prickad linje) än blodkärlen i frontalloben (streckad linje) hinner vidga sig. Resultatet blir att blodflödet (heldragen linje) minskar och blodfobikern svimmar i avslappningsfasen efter det att sprutan givits.

Figur 3:5   När sympaticus inte fungerar synkront –
            svimning när spänningen släpper

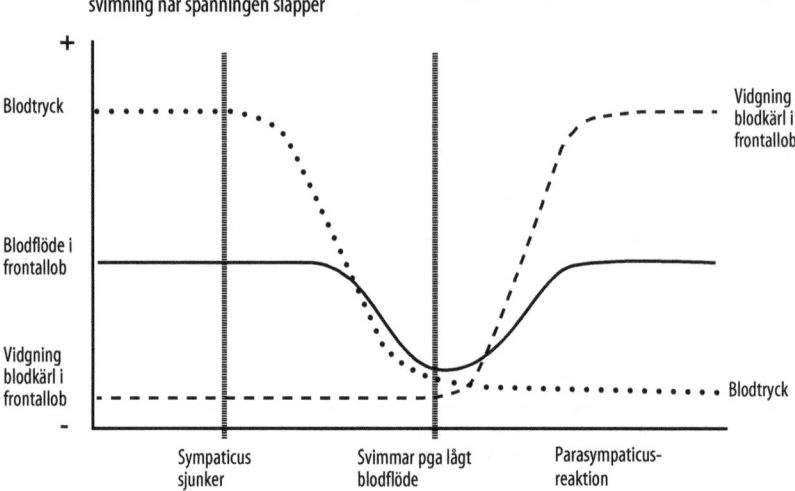

Förklaringen kan etablera en omständighet (**EO**) som gör att exponeringsbehandlingen med tillämpad spänning blir begriplig och angelägen.

Utan att veta om något samband finns så förefaller det logiskt att så kallad kataton immobilitet eller paralys vid extrem uppgiven rädsla, kan ha en liknande förklaring.

Darrning, skakning, stelhet (2 och 15 i tabell 3:2 ovan)

Vid kraftig sympaticusreaktion ökar spänningen i de stora muskelgrupperna. Detta är helt normalt och naturligt, då kroppen förbereder sig på en strid eller flykt.

Om man anstränger sig till det yttersta för att exempelvis hålla sin arm helt stilla rakt ut, då kan man känna att den darrar. Motstående muskelgrupper drar växelvis för att fixera armen. Den växelvisa muskelaktiviteten leder till darrning eller skakning, om muskelspänningen är mycket stor. Detta demonstreras ännu tydligare om man spänner hals- och nackmuskler extremt hårt. Hela huvudet kommer då att darra.

Sociala fobiker med så kallad kaffekoppstremor och rädsla för att darra inför andra personer plågas av detta. De anstränger sig så hårt (säkerhetsbeteende) att hålla hand och arm stilla, att den börjar darra. Darrningen i sig orsakar ökad sympaticusreaktion, som leder till ytterligare ökad ansträngning att hålla handen stilla med svårare darrning som följd.

Kännedom om den växelvisa muskelaktiviteten kan göra det tydligt (**EO**) att avslappning är rätt. Nyckeln till att inte darra är differentiell avslappning

(avslappning av en specifik kroppsdel) eller att bara gå in i de skrämmande situationerna och tillåta darrning – exponering med responsprevention.

Ont i nacken och huvudvärk på grund av stress
(14, 15 i tabell 3:2 ovan)

Stresspatienter klagar ofta över ont i nacken och axlarna. En så enkel förklaring som att axlarna automatiskt dras upp vid förhöjd sympaticusreaktion dvs vid stress, kan förklara hur långvarig stress kan ge nack- och huvudvärk. En kombination av förändring av den yttre stressande livssituationen, massage, naprapati eller liknande kan vara lösningen, samt att medvetet träna på att sänka axlarna med hjälp av tillämpad avslappning.

Ögonen fastnar, stel i blicken (16 i tabell 3:2 ovan)

Lisa led av att hennes blick liksom "låste sig" vid samtal med vissa personer exempelvis chefer eller i ovana sociala situationer. Hon hade en föreställning om att detta, som hon kände så oerhört tydligt, också syntes. Hon skrämdes av att det kunde missförstås. Kanske trodde den hon tittade på att hon var attraherad? Och om det var en kvinna, så kunde hon tolka det som om Lisa var homosexuell. En rad skrämmande olusttankar dök upp.

Även om förklaringen att det ofrivilliga stirrandet och uppspärrade ögonen är en naturlig del av sympaticusreaktionen inte löste hennes problem, så gav informationen en viss lättnad. Hon förstod att ögonens beteende kan tränas och hon blev också mera motiverad att delta i exponering med responsprevention.

Allergirädsla (8,9,10,11 och 12 i tabell 3:2 ovan)

Anita kom med rädsla för att få panikångestattacker. Det visade sig snabbt vid analys att hennes attacker hängde samman med tidigare starka allergireaktioner på soja och skaldjur. Problemen startade i en pressad tid då Anita skulle skiljas och således låg högt på sympaticusskalan av andra skäl. Dessutom hade hon i samma tid en tonårsdotter som var krävande, nonchalerande och ibland direkt elak mot henne, vilket ökade stressen.

Vid ett tillfälle under denna period fick hon en kraftig allergireaktion med flera sensationer från mage, hjärta. Hon sökte akut vård med full panik, vilket ledde till respondent betingning. Hon blev därefter rädd för signaler och sensationer (**BS**) från magen. Hon utvecklade en rad olika säkerhetsbeteenden. De sannolikt viktigaste var att skanna efter signaler från magen och ett ältande om olika födoämnens farlighet samt undvikanden av en mängd olika födoämnen. Hon sökte även information på nätet om maträtter och deras allergiframkallande egenskaper.

– Undrar om jag är känslig för det och det också? Ältandet ledde till att tankar på allt flera födoämnen blev till betingade stimuli ("triggers"). Hennes undvikanden generaliserades alltmera.

Genom att förklara och poängtera att sympaticusreaktionen i sig ger flera kroppsliga sensationer från matsmältningsapparaten, fick Anita en mera realistisk syn på signalerna från magen. Katastroftankarna fick en motvikt. Detta blev en avgörande etablerande omständighet (**EO**) för att åter börja äta och exponera sig för sådant som faktiskt inte var allergiframkallande.

Panikångest och alkohol (1, 6, 11, 12, 13 i tabell 3:2 ovan)

Under årens lopp har jag träffat panikångestpatienter som har fått sin första panikångestattack under en utlandssemester, företrädesvis sista dagens morgon.

Roger (28) berättade att han på morgonen hemresedagen från Mallorca drabbades av kraftig ångest när han stod i duschen. Attacken diagnostiserades i efterhand som en första panikångestattack.

Roger förstod inte var den kom ifrån. Han medgav att det hade blivit en del drickande under veckan. I princip hade han nog inte varit helt nykter någon gång under hela vistelsen.

Visserligen förstod han att det kunde handla om bakfylla, men den här gången var det något alldeles extra. Något som han tidigare aldrig varit med om. Väl hemma började han undvika situationer som kunde innebära inlåsning. Han var rädd att det skulle hända igen och att han då inte skulle kunna komma ut för att få luft.

Han tyckte den lekmannaförklaring som följer var både logisk och trovärdig.

När man dricker alkohol eller äter bensodiazepiner, då trycks sympaticusreaktionen ner mot parasympaticus. Man upplever ett lugn, vilket ofta är avsikten med bensodiazepiner och kanske också för några som dricker alkohol. Men för stenåldersmannen var sympaticusreaktionen en livförsäkring med ökad vaksamhet och omedelbar beredskap till försvar eller flykt. Den livräddande funktionen har gynnats evolutionärt och det autonoma nervsystemet försöker därför att motverka den sympaticusdämpande effekten. En motkraft byggs upp. Ju längre och ju mera man exponerar sig för alkohol eller bensodiazepiner desto starkare hinner motkraften att bli. Efter en vecka med konstant påfyllning av alkohol hinner motkraften att bli stark. På morgonen den sista dagen innan man ska flyga hem och då alkoholen inte längre fylls på, blir motkraften ensam om att verka och en ökad sympaticusreaktion blir följden – abstinens.

Alla kända symtom som ingår i bakfylla infinner sig i denna sympaticusrekyl. Hjärtklappning, muntorrhet, svettning, huvudvärk, rysning och andnöd blir skrämmande på grund av överraskningen och obegripligheten.

Roger accepterade min medicinska lekmannaförklaring, vilket gjorde honom villig att ge sig in i exponeringarna. Dessutom lovade han sig själv att minska på sitt drickande.

Toleransabstinens

Stina (54), utbildad sjuksköterska, kom till mig och klagade över att hennes ångest aldrig lämnade henne. Hon hade varit sjukskriven på grund av sin ångest i närmare tio år. Hon hävdade att hon hade ångest mer eller mindre hela tiden, trots att hon tagit lugnande medicin dagligen (bensodiazepiner) i många år. Hon hade till en början tagit en liten daglig dos, men hade öka den successivt, då den efter en tid inte längre fungerade. Ökning hade skett i flera steg. Nu tog hon maximal dos men hon hade ändå ångest. Hon ville ha hjälp.

Min gissning var att hon sannolikt led av toleransabstinens.

När man exponerar sig för bensodiazepiner eller alkohol under en tid så habituerar man – kroppen och nervsystemet vänjer sig. Motkraften som vill hålla beredskapen dvs sympaticusreaktionen uppe växer sig allt starkare. För att hålla den lugnande effekten på samma nivå måste man därför öka dosen. När ökningen skett ett antal gånger når man maximal dos, då sker habituering även till denna. Man har då ångest – abstinens – trots att man äter full dos. Risken för att ta till andra preparat – narkotiska för att åter få effekt – ligger då nära till hands. Men habituering sker då även till dessa preparat. Det senare hade emellertid inte Stina gjort.

Det problematiska är att exponering med responsprevention inte är möjlig samtidigt med intag av bensodiazepiner eller alkohol, då dessa fungerar som mycket kraftfulla "säkerhetsbeteenden". Det första säkerhetsbeteende som därför måste tas bort är intaget av det lugnande preparatet. Detta måste ske genom att man trappar ner det stegvis och långsamt. Om inte det sker blir det bara exponering utan responsprevention och utan effekt.

Morgonruggighet

Många av mina ångestpatienter klagar över morgonångest. De känner att ångesten finns där redan när de vaknar och inser att det blir en jobbig dag.

Jag brukar då likna kroppen vid en motor. Den måste köras varm innan den fungerar tillfredställande. Personer med ångest är ofta hyperkänsliga för sina kroppsliga sensationer, på grund av långvarigt skannande. De feltolkar också många sensationer som ångest. Trötthet, frusenhet, stelhet och värk kan uppattas som ångest.

Informationen kan fungera som en etablerande omständighet, som minskar risken för bestraffande feltolkning (felattribuering) av kroppsliga signaler. Det blir då mindre skrämmande att bete sig som om man inte mådde dåligt trots sensationerna.

Potträning

Inte bara vid ångestrelaterade problem kan kunskap om fysiologi vara till hjälp. Kännedom om andra funktioner i människokroppen kan utnyttjas i beteendeförändrade syfte.

Ett föräldrapar sökte hjälp för sin förståndshandikappade son. De kunde inte få honom att bajsa på toaletten. Han vägrade att sitta tillräckligt länge för att det skulle lyckas. Information om den gastro-coliska reflexen gjorde det möjligt att arrangera en gynnsam inlärning.

När magsäcken första gången töjs ut på morgonen efter att ha dragits samman under nattens fasta, går en reflex via ryggmärgen till tjocktarmen (colon) som aktiveras. Gynnsam tidpunkt för att göra på toaletten är cirka 20 minuter efter frukost. Genom att utnyttja detta tillfälle, kunde rätt beteende snabbare komma tillstånd. När sonen väl lyckades kunde lämplig social och annan positiv förstärkning befästa vanan.

Annan kunskap som kan vara till hjälp

Ibland är det hjälpsamt att få kunskap även om operanta beteenden. Mycket av patienters problem orsakas av vad som händer i relation till andra personer. I Acceptance and Change in Couple Therapy har Jacobson och Christensen beskrivit hur polarisering sker i parförhållanden. Beteenden på mikronivå kan vara av stor betydelse för att förklara hur missförstånd mellan människor kan uppstå.

Plötsligt kan en stark olust väckas tillsynes helt utan anledning. En känsla av att vara utanför kan uppstå utan att man förstår varför. Kunskap om kroppsspråk och särskilt ögonens beteende är särskilt betydelsefullt.

Ögonens beteende

En gift man försökte få ihop sitt äktenskap efter det att makan hade haft en kärleksaffär med sin handbollstränare. Tränaren och dennes fru tillhörde parets umgänge. När kvinnan och tränaren ertappades med att kyssas under en fest på fyra man hand hade katastrofen infunnit sig för båda paren. Affären avslutades dock omedelbart på kvinnans initiativ. Hon ångrade sig och ville rädda sitt äktenskap. Mannen var villig att förlåta och de beslöt att skaffa ett andra barn, för att komma närmare varandra. Barnet föddes, men kvinnan klagade över att det inte fungerade mellan dem. Hon upplevde att mannen inte hade förlåtit henne och att han egentligen inte ville vara kvar i äktenskapet. Hon förebrådde honom detta, men han förnekade och hävdade bestämt att han verkligen ville få förhållandet att fungera.

I desperation krävde hon att mannen skulle gå till en psykolog för att klara ut hur han egentligen ville ha det eller lösa problemet på något sätt.

Mannen kom och efter en session yppade mannen en viktig ledtråd.

"Hon säger att jag inte bryr mig om henne, men det gör jag och vi har tagit upp sexlivet. Men hon säger att jag inte lyssnar på henne."

Särskilt vid måltiderna blev det bråk. Det ledde till att de allt oftare undvek att äta tillsammans och prata med varandra.

Min första tanke var att de skulle äta minst två måltider per dag tillsammans. Detta hjälpte dock inte. Kvinnan hävdade fortfarande att mannen tycktes vara på väg bort från äktenskapet, vilket han fortsatte att förneka.

Analys av deras samvaro vid de gemensamma måltiderna gjordes. Det enda jag kunde tänka mig var, att mannen gjorde fel med sina ögon. Han tittade inte på sin fru när hon talade. Det fick henne att uppleva att han egentligen inte lyssnade och då heller inte ville vara kvar i förhållandet. Följaktligen fick han som läxa att alltid och oavbrutet titta sin fru i ögonen när hon talade. De skulle fortsätta att äta tillsammans. Detta hade en nästan magisk inverkan och allt slutade mycket lyckligt efter kort tid.

Ögonens beteende kan inte överskattas. När man lyssnar visar man detta genom att titta i ögonen eller ansiktet närmare 100 % på den som talar. Om man inte gör det, upplevs det som ointresse eller som avståndstagande. Den som talar tittar däremot inte oavbrutet på den som lyssnar, utan låter blicken gärna vandra bort och komma tillbaka till lyssnarens ögon. Jag brukar föreslå att talaren ska titta mellan 50 och 80 % på lyssnaren. Att titta utan avbrott när man själv talar, upplevs lätt som aggressivt och är i vart fall obekvämt för lyssnaren.

En av mina studenter i handledning fick ett fall med en kvinna som ofta råkade i lag med män, som hon egentligen inte ville ha kontakt med. Anledningen till att hon kom till terapeuten var att hon på kort tid blivit våldtagen vid två olika tillfällen av olika män och nu var traumatiserad.

Efter några sessioner kom terapin inte bara att handla om traumatiseringen. Jag lyfte frågan hur det kom sig att hon ideligen råkade ut för "fel" män. När vi tittade på de situationer som lett till våldtäkterna och till kontakter med oönskade män framkom ett mönster. Det startade vanligen på krogen. Hennes berättelse var: En man hade närmat sig och börjat tala med henne och innan hon själv förstod hur det hade gått till, hade kontakten fördjupats och hon hade följt med mannen. Snabbt utvecklades samvaron och gick från prat till kyssar och smek. Snart var det för sent för kvinnan att dra sig ur. Vår hypotes var att något i kvinnans beteende på krogen gjorde att just hon attraherade män, trots att hon inte var intresserad av dem.

Det är känt att om någon tittar en helt främmande person i ögonen längre än tre sekunder, då upplevs det som om denne är intresserad. Om den betittade då besvarar med fast blick, så kommer den förste uppleva detta förstärkande. Nästa steg kan då bli ett fysiskt närmande. Nu är kedjan igång och det blir allt svårare att sätta stopp ju längre beteendekedjan framskrider. Det är svårare att få stopp på ett tåg när det börjat röra sig.

Den beteendeterapeutiska interventionen blev att informera och träna patienten att vända bort blicken genast när någon främmande man stirrade, för att händelsekedjan inte skulle komma igång. Sedan kompletterades detta med andra beteenden som att i rollspel träna på att ge en avvisande replik, vända ryggen till, att gå utan kommentar med mera.

Behandlingen var framgångsrik och patienten kunde hålla oönskade män på avstånd.

Att undervisa om och träna subtila sociala beteenden är ibland nyckeln till lösning av mellanmänskliga problem. Gör en operant beteendeanalys av det sociala samspelet.

I min bok Att förstå och påverka beteendeproblem har jag i detalj beskrivit vilka beteenden i ansikte, ögon, språkligt och kroppsligt som krävs för att man ska upplevas ha självförtroende – sunt självhävdande beteende. Om man beter sig sunt självhävdande, då svarar omgivningen vanligen med respekt och vilket gör att man omvärderar sig själv efter en tid. Förändring till gott självförtroende sker utifrån och in. Man blir alltmera bekväm och naturlig i sitt självhävdande beteende ju mera man tränar.

4. Beteendeterapi med kognitioner – Kognitiv Beteendeterapi?

I slutet av 1960-talet och början av 1970-talet tog Sten Rönnberg med sig beteendeterapin till Sverige från USA. Han och Lars-Göran Öst introducerade den i universitetskurser. Den mottogs av de flesta psykologer med skepsis och ibland med direkt avståndstagande. Belackarna hävdade att det var "råttpsykologi" och ovärdigt att betrakta människan på detta sätt. Min gissning är, att man då inte insåg att beteendeterapi i själva verket är ren inlärningspsykologi och i praktiken beteendepedagogik. I stället ansåg man att människan förminskades till en själlös varelse utan känslor, eget tänkande eller vilja. Man kom att se beteendeterapin som manipulation. Ordet beteendemodifikation som användes synonymt gjorde inte saken bättre.

Jag deltog i en halvfartskurs i Beteendeterapi som pågick under ett år. Lars-Göran Öst startade kursen med ett 50-tal psykologer i Linköping 1971. Jag arbetade då samtidigt som speciallärare. Min klass var för barn med mycket svåra beteendeproblem och/eller svag begåvning. Klassen hade, året innan jag övertog den, fått tre av mina lärarkollegor att sjukskriva sig. Jag tilldelades klassen då jag, som just hade avslutat mina grundläggande psykologstudier i Göteborg, sågs såsom varande synnerligen lämpad att ta hand om den. Sanningen var att jag inte fått något användbart under utbildningen.

Litteraturen i kursen innehöll dock flera lämpliga böcker som kom väl till pass för de operanta problem som varje dag dök upp i klassen. Jag har beskrivit mitt arbete i klassen i boken "Att förstå och påverka beteendeproblem".

Genom att tillämpa de mest grundläggande inlärningspsykologiska principerna lyckades jag få eleverna att sitta i sina bänkar, skriva, läsa och räkna istället för att skrika könsord, springa omkring, svära, slåss och rymma från klassrummet. Resultaten var så förstärkande, att jag därefter aldrig tvivlat på möjligheterna med inlärningspsykologiska principer och tillämpad beteendeanalys.

Efter mitt år i specialklassen kom jag att arbeta som omsorgspsykolog (numera habiliteringen). Mitt intresse för svåra beteendeproblem var väckt och detta kom väl till pass då omsorgerna omorganiserades. Man tömde vid den här tiden specialsjukhusen på patienter med extremt svåra problembeteenden. I normaliseringens namn skulle även svåra brukare bo ute i samhället. Under

(2)	(1)	(3)	(5)	(2)	(1)	(3)	(4)	
S — R — K			BS — BR/S — R — K				EO	79

några års tid gav mig cheferna (Lars Bolander och psykolog Margareta La-lander) en mycket fördelaktig position, så att jag kunde utbilda och handleda personal och starta fem behandlingsinriktade elevhem/gruppbostäder. Det handlade ofta om våldsam aggressivitet, svårt självskadande och många andra mer eller mindre osannolika beteenden.

I skolan hade kollegorna varit tacksamma att jag befriade dem från prob-lemeleverna, men inom omsorgerna var mina insatser inte lika populära. Utan överdrift kan jag påstå att jag som beteendeterapeut förtalades och isolerades av vissa kollegor. Beteendeterapin ansågs förhatlig av flera av dem.

En vanlig föreställning om beteendeterapi bland belackarna var att den var mekanisk, oempatisk och enbart inriktad på motoriska beteenden – inte tankar och känslor.

En början till vändning av populariteten för beteendeterapi kom 1977. Till världskongressen för beteendeterapi i Uppsala det året kom bland andra Michael Mahoney, som pratade tydligt om att tankar också var beteenden. Detta var inte något nytt, men hans föreläsningar samlade många åhörare. Den kognitiva vågen kom igång i Sverige. Entusiasmen var påfallande och ledde till och med till att vissa psykologer och psykiatriker började tala om "Kognitiv psykoterapi" och tog därmed avstånd från den inlärningspsykolo-giska grunden som ju var Mahoneys utgångspunkt. Michael Mahoney var mitt första möte med en uttalad "kognitiv" beteendeterapeut.

De mer kognitiva efterföljarna bildade snart en egen grupp och förening, som alltjämt finns kvar i Sverige.

Även jag prövade den uppsjö av mer eller mindre fantasifulla kognitiva tekniker som lanserades under 80- och 90-talen. Behandlingsframgångarna uteblev ofta och därmed förstärkningarna, vilket utsläckte mitt användande av vissa kognitiva tekniker. Dessutom var de kognitiva teknikerna inte särdeles lämpade för mig, då jag vid den här tiden mest arbetade med kognitivt funk-tionshindrande personer. Många av mina klienter saknade språk. Såväl gravt utvecklingsstörda, utvecklingsstörda tillika döva eller dövblinda hörde till mitt arbetsområde. Jag arbetade även med barn i förskoleåldern, vilket också var ett område, där kognitiva tekniker inte är användbara.

Varför uteblev resultaten med kognitiva tekniker? Gjorde jag något fel? För att förstå varför det inte tycktes fungera, vände jag mig åter till den tilläm-pade beteendeanalysen.

Synen på beteendeterapi och kognitioner

Är det någon skillnad på beteendeterapi med kognitioner och kognitiv beteendeterapi?

Tankar är operanter. De är viljemässigt kontrollerbara beteenden som är inlärda och därmed fungerar de på samma sätt som motoriskt beteende (synliga operanter). Båda styrs från hjärnbarken (frontalloben). Kognitiva beteenden kan dock inte observeras som de motoriska. De kallas därför ibland coveranter (dolda operanter). Man kan endast få indirekta uppgifter och mått på tankar genom verbala rapporter eller möjligen genom att gissa sig till dem genom att tolka det motoriska beteendet.

Ibland är ju tänkandet det problembeteende man vill ändra – såsom vid ältande. I andra fall har tankar funktioner som är intressanta att klarlägga för att förstå andra beteenden.

Skinner talade om tänkande som operant beteende, men beteendeterapi handlar i grunden om en förändring utifrån och in. Resultatet av terapi är vanligen att förändring av det yttre beteendet eftersträvas, då det på sikt ger automatiska förändringar av såväl tankar som känslor. Exponering med responsprevention och beteendeaktivering vid depression är tydliga exempel på detta.

Det är i längden omöjligt att tänka på ett sätt och bete sig i rakt motsatt i sitt motoriska beteende. Det motoriska beteendet leder till att tankar förändras. Jag upprepar Tom Borkovecs så träffande uttryck: Move your ass and your mind will follow.

> Om man beter sig som om man mår bra, så kommer man att må bättre på sikt. Det är de beteenden som används för att bemästra känslor och det dåliga måendet, som vanligen förhindrar ett förbättrat mående.

Våra tankar färgas av de erfarenheter som vårt agerande ger oss. Jag kan inte fortsätta att tycka att jag är en feg och ynklig person, om jag frimodigt utmanar mina rädslor och beter mig allt friare och djärvare. Tankarna om min feghet kommer att förändras som en konsekvens av mitt modiga beteende. Att handlandet har en stark påverkan på tänkandet är den bärande principen i Acceptance and Commitment Therapy (ACT).

I ACT manas patienten att bete sig i vardagen i enlighet med sina värderingar och inte låta sig begränsas eller styras av ångest eller rädsla. Vägen till att bli lyckligare och mera ångestfri på sikt går via att bete sig djärvare. Detta blir i praktiken exponering med responsprevention (ERP) i vardagen och i de spontant uppkomna situationerna. Och vid beteendeaktivering vid depression

(2)	(1)	(3)	(5)	(2)	(1)	(3)	(4)	
S ——	R ——	K	BS ——	BR/S ——	R ——	K	EO	

vill man förmå patienten att bli alltmera aktiv och göra sådant som denne har uppskattat under sitt tidigare friska liv. Då får den deprimerade andra tankar om vad som är möjligt att göra och en mera stimulerande vardag med positiva förstärkningar. Det ökar chansen för välmående på sikt.

Självklart kan tankar även ändras utan att de föregås av yttre beteendeförändring. Så sker exempelvis vid samtal, diskussion, undervisning, övertalning, av en berättelse, en metafor, av en artikel, bok eller eget tänkande. Men när det gäller rädsla och ångest är det utmanande beteendet nödvändigt. Det finns ett fall där man kan tänka sig modig och det är om det som skrämmer är tankar – tankar som är **BS**. Då gäller modet att hålla kvar de skrämmande tankarna och låta sig exponeras och utmanas och inte undfly dem (se bilaga 1).

Beteendeanalys av tankar

Tankar har olika funktioner och är inte en homogen grupp av beteenden. De kan därför inte alltid angripas eller hanteras på samma sätt, även om det tillsynes liknar varandra. Att rutinmässigt använda en viss kognitiv metod utan hänsyn till tankens funktion kan vara direkt kontraproduktivt. Om man förstår en tankes funktion, är det möjligt att avgöra hur man ska hantera den.

En mycket vanlig kognitiv metod är att logiskt ifrågasätta olusttankar och skrämmande tankar. En annan metod är att använda alternativa tankar eller positivt tänkande. Dessa metoder kan vara förödande. Att exempelvis anmoda en tvångspatient att undersöka hur andra personer ser på det egna tvivlet: – Fråga dina bekanta hur de ser på hur farligt det är att ta i föremål som andra har tagit i med tanke på HIV-smitta. Detta är att uppmana patienten att bete sig på ett sätt som kan bli ett nytt tvångsbeteende – återförsäkringssökande. Man ska inte ersätta ett tvångsbeteende med ett annat.

En metafor som jag ofta använder vid arbete med tvångspatienter är alkoholistliknelsen. Alkoholistens tvångsbeteende är att dricka alkohol. Han dricker för att hålla ångest och olust nere eller för att undvika att få abstinens (ångest). Alkoholisten blir inte nykter, om man lär honom att dricka vin istället för starksprit. Tvångaren blir inte av med sitt tvång, om tränar in ett nytt tvångsbeteende – återförsäkringssökande eller självåterförsäkrande. Att söka återförsäkringar eller använda logiskt ifrågasättande är detsamma som att älta, då de logiska svaren kan fungera ångestneutraliserade.

Mina misslyckade försök med vissa kognitiva metoder ledde till att jag började analysera kognitiva tekniker. Jag beslöt att inte använda någon insats eller metod, om den inte går att förstå och motivera utifrån ett beteendeanalytiskt perspektiv.

Använd kognitiva interventioner om det kan motiveras utifrån en gjord beteende/funktionsanalys. Alla interventioner som görs i klinisk beteende-analys/beteendeterapi bör kunna motiveras inlärningspsykologiskt.

Tankar kan ha fem olika funktioner

Det är viktigt att hålla ordning på alla beteendens funktion. Vilket betyder att placera dem rätt i förstärkningsparadigmen (se nederst på varje uppslag i detta kapitel). Tankar är härvidlag inte något undantag. Det är snarare ännu viktigare, då tankar lättare kan inneha flera funktioner än motoriska beteenden.

I min genomgång utgår jag först från helt operanta paradigm, när inget respondent beteende finns – inga känslor är inblandade.

För att förstå tankarnas funktion för det mänskliga beteendet kommer jag att arbeta med beteendeanalysens grundelement. Jag följer det paradigmval jag förordade i kapitel 2 *Grundstruktur* (fig 2:1).

Min utgångspunkt blir därför de olika förekommande paradigm enligt (Sundel & Sundel 1999) med en försvenskning. Dessa är;

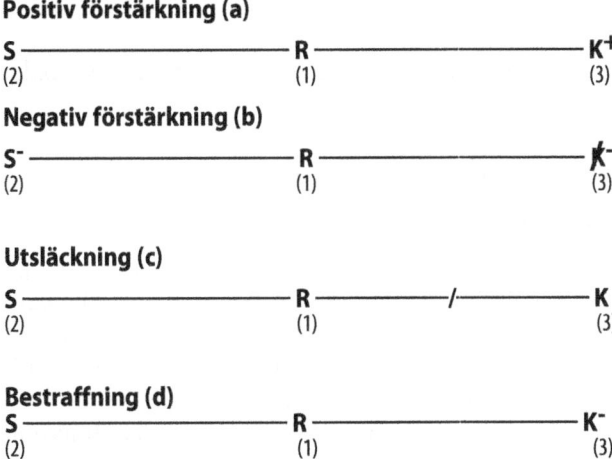

Positiv förstärkning (a)

S————————————R————————————K⁺
(2)   (1)   (3)

Negativ förstärkning (b)

S⁻———————————R————————————K̶⁻
(2)   (1)   (3)

Utsläckning (c)

S————————————R———————/———————K
(2)   (1)   (3)

Bestraffning (d)

S————————————R————————————K⁻
(2)   (1)   (3)

Position (1). En tanke kan vara det beteende **R** som vi vill förstå och analysera. Den placeras då i position ett.

---

(2)   (1)   (3)   (5)   (2)   (1)   (3)   (4)
S——R——K   BS——BR/S——R——K   EO   *83*

Position (2). När en tanke startar ett beteende **R** fungerar den som ett diskriminativt stimulus **S** position två.

Position (3). I position tre fungerar tankar på fyra olika sätt som konsekvens på ett beteende, men då som något av fyra olika funktioner;

a) som positiv förstärkare K^+
b) som negativ förstärkare K^-
c) som utebliven förstärkning ——/—— **K** utsläckning
d) som bestraffare K^-.

Position (4). Tankar kan även öka eller minska förstärkningarnas kraft och fungerar då som etablerande omständigheter **EO** (motiverande eller avmotiverande).

Position (5). När känslor är inblandade tillkommer den respondenta delen **BS** —— **BR** till det operanta paradigmet. En tanke kan fungera som betingat stimulus **BS** som utlöser en autonom reaktion **BR**.

BS ———————— **BR/S⁻** ———————— **R** ———————— **K⁻**
(5)

Den betingade reaktionen **BR** kan aldrig vara en tanke, då den alltid är autonomt beteende – antingen parasympaticusreaktion eller sympaticusreaktion eller alla blandningar däremellan.

Nedan följer förklaringar med exempel på tankarnas fem möjliga och olika positioner och funktioner.

Den första funktionen/positionen R (1)
– beteendet vi vill förstå

Starten på varje beteendeterapi är att hitta de topografiska beteenden som på något sätt är problemet eller en del av det. De kan vara orsakade av eller vara orsak till problemet. Beteendena ska sedan bli föremål för funktionsanalys som ska avslöja vad som vidmakthåller dem, för att därefter ge uppslag till åtgärder som kan påverka beteendeförändringen i rätt riktning.

Tankar i position ett (1) är vanligen intressanta utifrån sin funktion (förstärkning) inte till sitt innehåll.

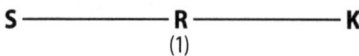

S ———————— **R** ———————— **K**
(1)

När det gäller tankar som ska placeras i position ett (1) så har ofta klient och behandlare olika uppfattning om hur de ska hanteras.

Klient med ångest beskriver sitt problem som ångest och olusttankar, obehagstankar, osäkerhetstankar, tvivelstankar, tankar med skam, ånger, ältande eller påträngande tankar (intrusive thoughts). De vill att just dessa tankar ska elimineras. Det betyder att klienten vill se olusttanken som R (target behavior), medan terapeuter i stället vill sätta de obehagsreducerade beteendena (säkerhetsbeteendena) i position (1).

Exempel på patientens fokus som är att bli av med tankar som ger obehag. Exempelvis;

– Tänk om jag får cancer!

– Varför gjorde jag så mot mamma?

– Varför köpte vi lägenheten just när priset var som högst. Nu har vi förlorat en miljon.

– Varför tog jag inte det nya jobbet som jag blev erbjuden?

– Är spisen verkligen avstängd?

Det kan också vara olusttankar som ger skam och skuld eller irritation.

– Jag är oduglig.

– Ingen tycker om mig.

– Jag är värdelös.

– Jag har för små bröst.

– Dom tycker att jag är för fet.

– Jag har aldrig något smart att säga.

– Dom nonchalerar mig.

– Min fru har en annan och älskar mig nog inte längre.

– Allt jag säger låter korkat.

– Nu tittade hon på mig så där nedlåtande.

I min operanta analys av ältandet har jag satt just dessa tankar i position (1) som R i paradigmet. Se bilaga1 "När Mowrer inte räcker till."

Det vanliga bland kognitiva beteendeterapeuter är att olusttankarna placeras i position (2) S och därmed ses som diskriminativa stimuli för flykt eller undvikandebeteenden.

Tankar som klienten använder för att skapa säkerhet, skingra tvivel, skapa lugn och minska olust – tröstetankar, tvångstankar eller kognitiva säkerhets-

(2)	(1)	(3)		(5)	(2)	(1)	(3)	(4)	
S ——	R ——	K		BS ——	BR/S ——	R ——	K	EO	85

beteenden – är den typ av tankar som terapeuten placerar som **R** position ett (1). Detta som en förberedelse för exponering med responsprevention. Klienten ser dessa beteenden snarare som en tillgång, en räddare och i högsta grad önskvärd typ av tankar. Tröstetankarna fungerar dock som flyktbeteenden från olusttankarna och gör dessa till betingade stimuli (**BS**) genom respondent betingning. Jag hänvisar åter igen till resonemanget om ältande i bilaga 1 Mowrer. Tröstetankarna fungerar där som negativa förstärkare det vill säga i position tre (3).

Exempel på den typen av tankar;

– Jag har ju aldrig gjort bort mig tidigare.

– Det har jag i alla fall inte gjort.

– Jag gjorde mitt allra bästa.

– Hon gjorde ett sämre intryck än jag.

– Det var inte mitt fel att det gick som det gick, jag....

– Dom förstår nog hur jag menar.

– Varför skulle jag hållas ansvarig, jag som...?

– Allt kommer säkert att ordna sig

... och så vidare.

När man har tankar som fokus (**R**) för sin topografiska analys, i position ett (1) som target behaviors, är det klokt att välja några exempel på tankar, då många liknande tankar förekommer med stor variation. Alla som har ett liknande innehåll har vanligen samma funktion (det vill säga tillhör samma responsklass). Det blir omöjligt att göra beteendeanalys om man kategoriserar dem som exempelvis "aggressiva tankar" eller "tröstetankar". Då har man redan omedvetet angett deras funktion/förstärkning och alltså låst fast sig och i förväg gjort funktionsanalys. Skriv istället endast ner några typiska exempel på topografi hos tankarna i analysen – det vill säga hur tankarna kan se ut.

> Alla typer av tankar kan föras in i den topografiska analysen som överskott. Men då måste de senare placeras in i rätt position i paradigmet vid själva funktionsanalysen. **Hela detta kapitel handlar om just detta.**

Hur ska man hantera tankar i position ett (1)?

Beteendeterapin går ut på att påverka de kognitiva beteendena i position ett (1). Det gäller att eliminera, minska eller öka beteendets förstärkningar. Om avsikten är öka beteendet måste man hitta nya förstärkare eller potentiera befintliga förstärkare medelst etablerande omständigheter (**EO**).

Tankar fungerar som en beteendestartare eller diskriminativa stimuli S position två (2)

En tanke kan fungera som ett diskriminativt stimulus (beteendestartare).

Tankar är ofta startstimuli för andra beteenden.

Gör att   leder till

(2a)

S ————————————— **R** ————————————— **K**

"Det var länge sedan jag hörde av mig"   Ringer   "Roligt att höras"

(2b)

S⁻ ————————————— **R** ————————————— **Ҡ⁻**

"Måste deklarera ... annars "   Deklarerar   "Nu slipper jag avgift"

Tankar startar både motoriska beteenden och andra tankar. Vid homogena beteendekedjor (ältande och kognitivt problemlösande) är tankar startstimuli för andra tankar. Exempelvis fungerar de plågsamma olusttankarna som **S** för tröstetankar **R** vid ältande.

(2b)

S⁻ ————————————— **R** ————————————— **Ҡ⁻/S**

"Tänk om jag har cancer"   "Nej jag undersöktes ju förra veckan"   "Då är det nog inget"
                                                                    /"dom kanske missade"

Vid ångestsyndrom utgör den tanke som är det diskriminativa stimulit (**S**) en del av känslan. Tanken (**S**) ger sympaticus dess känslokulör. "Känslorna är summan av sympaticus och tankar/tolkning av situationen". Detta har jag diskuterat utförligt i kapitel 3 *Hjälpsam kunskap*.

En tanke **kan** fungera som diskriminativt startstimulus (**S**) för beteenden. Om så är fallet sker ett medvetet val av beteende. De flest beteenden är dock helt automatiserade (omedvetet och vanemässigt valda) och således inte styrda av tankar.

(2)	(1)	(3)		(5)	(2)	(1)	(3)	(4)	
S ——	**R** ——	**K**		**BS** ——	**BR/S** ——	**R** ——	**K**	**EO**	87

Regelstyrt beteende (tankestyrt)

Om du får en uppmaning eller instruktion och du följer den utan att reflektera, då har du utfört ett regelstyrt beteende. Tanken eller regeln kommer utifrån och i form av en tillsägelse, regel, order, uppmaning eller liknande. Beteendet saknar förstärkning när det utförs.

Livslängden på regelstyrda beteenden är alltid kort, det utsläcks om ingen förstärkning kommer. Om beteendet däremot skulle leda till förstärkning så övergår regelstyrningen till att bli förstärkningsstyrning (kontingensstyrning).

Helga (9) får instruktionen (regel för att styra hennes beteende) av mamma: – Var positiv och glad mot Lisa. Helga låter sitt beteende styras av detta råd några gånger, men då Helga uppenbarligen inte har något för det utsläcks det.

– Du måste läsa Kafkas "Processen". Du prövar, men får inget ut av boken, du förstår inte, roas inte – läsandet utsläcks.

Tankar kan vara diskriminativa stimuli i form av regler, instruktioner, tillsägelser, bruksanvisningar, order, uppmaningar och tjat. Vid ren regelstyrning finns ingen medveten förstärkning i utsikt.

Hur ska man hantera tankar i position två (2)?

Tankar som är diskriminativa stimuli måste hanteras på olika sätt beroende på hur önskvärt beteende (R) är. Vanligtvis försöker man att påverka genom att förmå klienten att tänka annorlunda, exempelvis lära in ett mönster att resonera med sig själv för att påverka valet av beteende R. Ett exempel på detta är Meichenbaums Selfinstructional Training.

Det är i praktiken omöjligt att i det långa loppet påverka beteendet (R) enbart medelst diskriminativa stimuli (S) position (2). Avgörande för vidmakthållande är att beteendet förstärks K position (3).

Tankar fungerar som förstärkning position tre (3)

Tankar som positiv förstärkning (3a)

Tankar kan fungera som positiv förstärkning (K) – såsom självberöm, positiv självbedömning, plötsligt förstå något, nöjt konstaterande, tanke på framtida förstärkningar mm.

Operanta beteenden – motoriska och kognitiva beteenden – är beroende av sina förstärkningar. Inget operant beteende kan vidmakthållas om det inte får förstärkning åtminstone intermittent, glest.

Exempelvis;   (3)

S^- ———————————— R ———————————————— K^+

Hur ska jag konstruera…?   Idé "jag gör så här"   "Smart"

Ofta är tankar förstärkande i kombination med kroppsliga sensationer.

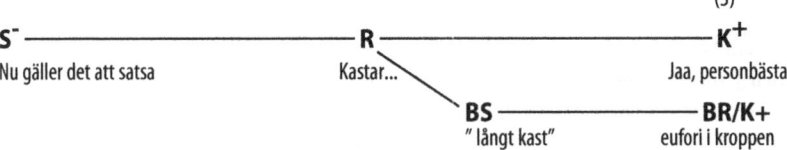

                                           (3)

S^- ———————————— R ———————————————— K^+

Nu gäller det att satsa   Kastar…   Jaa, personbästa!

                                           BS ——————— **BR/K+**

                                           " långt kast"   eufori i kroppen

Den sannolikt allra vanligaste förekommande kognitiva förstärkningen är att man förstår, vilket förstärker beteendet att läsa och beteendet att lyssna.

Tankar fungerar som negativ förstärkning (3b)

Tankar som konstaterar lugn och befrielse från obehag är negativt förstärkande.

                                           (3b)

S^- ———————————— R ———————————————— K^-

Ser mobbaren   Går undan   "Skönt nu slapp jag honom"

Personen går undan och undviker ett obehag. Konstaterandet är negativt förstärkande.

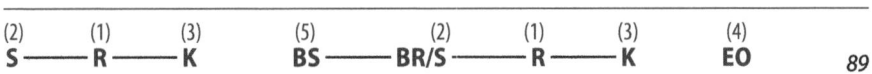

 (2)   (1)   (3)   (5)   (2)   (1)   (3)   (4)

S ——— **R** ——— **K**   **BS** ——— **BR/S** ——— **R** ——— **K**   **EO**

Hur ska man hantera tankar i position tre (3a och b) förstärkningar?

Alla förstärkande tankar bör bedömas på samma sätt. Om tankarna förstärker önskvärda beteenden (underskottsbeteenden), är de hjälpsamma. Om de däremot förstärker oönskade beteenden bör man försöka att modifiera dem, eliminera dem eller påverka deras kraft genom att omständigheter (**EO**) förändras – se vidare om position fyra (4).

Tankar fungerar som bestraffare – position tre (3c)

Tankar kan ge obehag och skapa olust och därmed fungera som bestraffare.

Tankar som är bestraffare om de ger obehag, plågsam insikt och får oss att i stunden avsluta, avbryta eller fly.

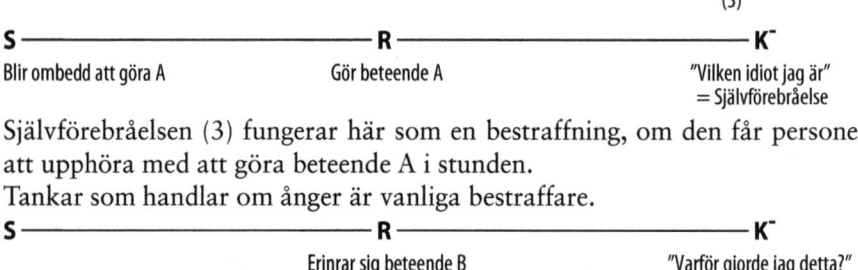

(3)

S ——————————— R ——————————— K⁻
Blir ombedd att göra A Gör beteende A "Vilken idiot jag är"
= Självförebråelse

Självförebråelsen (3) fungerar här som en bestraffning, om den får personen att upphöra med att göra beteende A i stunden.
Tankar som handlar om ånger är vanliga bestraffare.

S ——————————— R ——————————— K⁻
Erinrar sig beteende B "Varför gjorde jag detta?"

Hur ska man hantera tankar i position tre (3c)?

Hur ska man då handskas med tankar som är bestraffande. Återigen är det bestraffande beteendet som avgör om bestraffning är funktionell. Leder den till att man avstår oönskat beteende i framtiden då är den ändamålsenlig. Om man ångrar något objektivt farligt eller skadligt och undviker från att upprepa detta, då har den bestraffande tanken varit adekvat.

– Varför var jag så dum att jag hängde med på att mobba Nisse? En sådan bestraffande tanke är funktionell, om den får mig att avstå från att delta i mobbandet i framtiden.

Självförebrående tankar och ånger är vanliga bestraffare. De skapar lidande, oro och ältande och bör om de bestraffar önskvärda beteenden korrigeras till sitt innehåll.

Bestraffande tankar som leder till undvikande av önskvärda beteenden och inskränker livsutrymmet och beteenderepertoaren bör om möjligt undanröjas och inte tillåts påverka framtida beteenden. Vid Acceptance and Commitment Therapy (ACT) betonas särskilt noga att man inte bör låta ångest (tanke på framtida bestraffare) påverka en friare beteenderepertoar utan i stället låta de egna värderingarna vara styrande.

Tankar gör framtida konsekvenser förstärkande och bestraffande här och nu

Vi utför en mängd beteenden utan att någon påtaglig och omedelbar förstärkning syns. Inte ens intermittenta förstärkande konsekvenser tycks föreligga.

Vi vet att förstärkningar alltid måste komma i nära anslutning – mer eller mindre omedelbart – till det beteende som ska påverkas. Ändå kan vi agera utifrån framtida konsekvenser. Det sker tack vare vår förmåga att i tanken föreställa oss framtida konsekvenser.

Sålunda kan vi spara ett belopp i månaden för att kunna åka på semester om ett år. Vi kan avstå från tårtan för att komma i baddräkten i sommar. Vi lämnar in den upphittade plånboken med tio tusen kronor i till polisen, trots att pengarna var mycket lockande att behålla här och nu.

Vad förstärker oss att bete oss trots att tydligt uppenbara och omedelbara förstärkningar inte tycks föreligga? Svaret är tankar.

Tankar kan göra framtida konsekvenser till omedelbara förstärkningar.

För att förklara detta delas position 3 upp på följande vis.

- Konsekvenser kan uppträda **omedelbart** (i nära anslutning till beteendet) eller senare i **framtiden**
- Konsekvenser kan vara **förstärkande** (positiv och negativ förstärkning) eller **försvagande** (bestraffning).
- Konsekvenser kan uppträda varje gång och vara **säkra** (kontinuerliga) eller vara **osäkra** (intermittenta).

(2)	(1)	(3)	(5)	(2)	(1)	(3)	(4)	
S——	R——	K	BS——	BR/S——	R——	K	EO	91

Fig 4

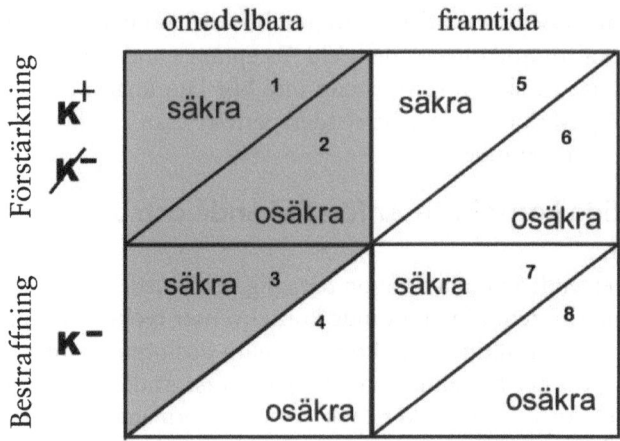

Effektiva förstärkningar finns alltid i trianglarna 1 eller 2 i figuren. Men med hjälp av förställningar/tankar på framtida konsekvenser kan vi flytta konsekvenserna i trianglarna 5 till och med 8 till att bli omedelbara. Tanken på framtida positiva konsekvenser (5 och 6) fungerar som omedelbara positiva förstärkare – här och nu.

Exempel:

• – Nu sparar jag en fast summa varje månad och då har jag pengar till semesterresan i sommar. En säker framtida positiv konsekvens (5) flyttas till att bli omedelbar i sparögonblicket – triangel 1.

• – Jag har pluggat så gott jag kan, så nu kommer jag nog att klara provet nästa vecka. En osäker framtida positiv konsekvens (6) har blivit omedelbar – triangel (2).

Bestraffningar eller aversiva konsekvenser är endast påverkande om de ryms i triangel (3).

Tankar på möjliga eller framtida aversiva (obehagliga) konsekvenser (4, 7 och 8) fungerar i stunden som negativa förstärkningar. Tankar och föreställningar om framtida negativa (aversiva) konsekvenser eller bestraffningar är en självklar förutsättning för undvikandebeteenden.

Exempel:

• – Jag stänger av huvudströmbrytaren ifall ledningen skulle vara strömförande. En omedelbar osäker bestraffare (4) undviks.

- • – Jag slipper böta om jag lämnar in min deklaration i tid (jag undviker en säker framtida bestraffning (7). Mitt beteende att lämna in min deklaration i tid blir negativt förstärkt i stunden flyttas till triangel (1).
- • – När jag spänner fast säkerhetsbältet undviker jag att skadas om jag skulle krocka, en osäker framtida aversiv konsekvens (8) undviks. Mitt beteende att sätta på säkerhetsbältet blev negativt förstärkt då konsekvensen flyttats till triangel (2) med hjälp av tankeförmågan.

Många nya undvikandebeteenden kan inte uppkomma utan vår kognitiva förmåga. Inte heller långsiktigt planerande och agerande skulle förekomma om vi inte kunde föreställa oss framtida konsekvenser.

Sammanfattning av tankarnas tre första positioner och deras olika funktioner

1. Tankar kan vara det beteende (**R**) som vi vill påverka på något sätt – exempelvis olusttankar eller påträngande tankar (intrusive thoughts).

2. Tankar kan vara startstimuli för andra operanta beteenden (**S**) exempelvis: – Jag måste åka och handla nu. Eller: – Det var länge sedan jag ringde mor. Dessutom är tanken halva känslan. Det är den som ger sympaticusreaktionen sin "kulör".

3. Tankar kan vara positivt förstärkande (**K⁺**). Exempelvis: – Det där gjorde jag bra. Eller: – Nu har jag gjort läxan. De kan också göra framtida konsekvenser till närvarande i stunden och därmed bli förstärkande – Hon blir nog glad, när hon får det här brevet. De kan även vara negativt förstärkande (**K⁻**) Exempelvis: – Cykelhjälmen kommer att skydda mig om olyckan skulle vara framme. Eller: – Skönt nu är deklarationen inlämnad. Tankar flyttar framtida aversiva konsekvenser till stunden och förstärker undvikandebeteenden – Nu riskerar jag inte att stå där med skammen.

4. – Om jag hade gjort som han sa hade jag nog åkt fast. Om förstärkningar saknas utsläcks beteendet.

5. Tankar kan till och med vara bestraffande (**K⁻**) Exempelvis: – Varför sa jag det där? – De tyckte nog att det jag sa var korkat. – Vad ful jag blev av den där makeupen.

(2)	(1)	(3)		(5)		(2)		(1)	(3)	(4)	
S	**R**	**K**		**BS**		**BR/S**		**R**	**K**	**EO**	*93*

Tankars fjärde (4) funktion som Etablerande Omständighet (EO)

Beteendets konsekvenser – förstärkningar eller bestraffningar – är inte konstanta över tid och situation. Samma konsekvens kan vara förstärkande i en situation men direkt bestraffande i en annan. En ung pojke upplever beröm från läraren positivt när han är ensam med läraren, men samma beröm känns besvärande när de tuffa kompisarna är närvarande.

Det är ofta förbisett att tankar, föreställningar, information, önskningar, fantasier kan förändra konsekvensernas/förstärkningars effekt på samma sätt som yttre eller påtagliga omständigheter kan göra. Varje företeelse som påverkar förstärkningens kraft uppåt eller nedåt är en s k etablerad omständighet (Michaels 1982, Establishing Operation):

"... any change in the environment which alters the effectiveness of some object or event as reinforcement and simultaneously alters the momentary frequency of the behavior that has been followed by that reinforcement"

Om jag en dag tänker att ingen bryr sig om mig (**EO**) då blir det mera förstärkande när en bekant ringer och frågar om jag vill åka med och fiska.

Om du har föreställningen (**EO**) att det är kraftigt cancerframkallande att röka, då är det mera förstärkande att sluta röka eller till och med göra det bestraffande att fortsätta.

Om jag tror mig veta (**EO**) att den kvinna jag vill komma i kontakt med är imponerad av sportiga och muskulösa män, då är det mera förstärkande att börja träna.

Om jag tror (**EO**) att det imponerar på mina kurskamrater att använda facktermer, då blir det mera förstärkande att göra det, när jag talar med dem.

Om jag är övertygad om (**EO**) att det är fruktbart att använda en behavioristisk baserad kognitiv analys och terapi, då blir det mera förstärkande för mig att göra just detta och att läsa detta kapitel.

Jag tycker mycket om stekt strömming och äter det så ofta jag kan. Så en dag läser jag en vetenskaplig artikel, där det hävdas att det finns mycket kvicksilver i just strömming. Denna information (**EO**) gör att det inte längre är lika förstärkande att äta strömming, vilket minskar sannolikheten för att jag ska äta strömming. Det kan till och med gå så långt, att jag slutar helt, då det har blivit bestraffande tack vare förändrad **EO**.

Tankar och föreställningar fungerar ofta som kraftfulla omständigheter, vilka ökar eller minskar sannolikheten för beteenden.

Tankar som är etablerande omständigheter förmår inte att starta ett beteende på det sätt som diskriminativa stimuli (**S**) i position (2) kan. De fungerar heller inte som förstärkare/bestraffare i sig själva (**K**) position (3), utan deras funktion är att påverka befintliga förstärkningar.

Övertalning syftar alltid till att skapa tankar (**EO**) som gör det mera förstärkande att bete sig på visst sätt.

Reklam innehåller i bästa fall försök till att etablera omständigheter, som gör det mera förstärkande att välja en viss produkt. Reklam som bara innehåller en uppmaning "Flyg med AVIATION" kan i bästa fall leda till att regelstyra beteendet, men ger ingen påverkan på förstärkningarna. Reklamen kan göras om till en fungerande EO som gör beteendet mera förstärkande. Det skulle i så fall kunna vara "Flyg med AVIATION – säkrare, skönare stolar, mat under resan och billigare".

Hur ska man hantera tankar som är EO?

Att förändra etablerande omständigheter är sannolikt den mest använda teknik som förekommer i terapisituationer, uppfostringssituationer eller i situationer där vi vill påverka beteendet hos någon.

Vi vill etablera omständigheter som får önskvärda beteenden att bli mera lockande och oönskade beteenden att bli mindre förstärkta eller till och med bestraffande.

Metaforer, tal om värderingar, förespeglande av möjligheter och löften är några av de sätt som används för att påverka förstärkarna. Att övertala, använda motiverande samtal eller peptalk eller använda skrämselpropaganda syftar alla till att förändra de etablerande omständigheterna.

Att framhålla fördelar eller nackdelar med något beteende har gjorts i alla tider. Exempelvis historiskt i religiösa sammanhang, genom att framhålla att den som idkar otukt eller syndar hamnar i skärselden. I barnuppfostran är förändring av etablerande omständigheter ett mycket vanligt inslag.

Vid behandling av missbruk är man ofta hänvisad till att använda påverkan av de etablerande omständigheterna, då man vanligen inte kan påverka det förstärkande rus, lugn eller eufori som drogen ger fysiologiskt.

EO ger en djupare kunskap om förstärkningarna, då vi inte kan hantera förstärkningarna direkt. Vi påverkar förstärkningarna indirekt, om vi får klienten att omvärdera konsekvenserna. Ett genomgripande exempel på en kraftfull ny etablerande omständighet är alkoholisten som slutar att dricka, då han blivit frälst (**EO**). Alkoholen har fortfarande kvar sin kemiskt förstärkande

(2)	(1)	(3)	(5)	(2)	(1)	(3)	(4)	
S———	R———	K	BS———	BR/S———	R———	K	EO	*95*

funktion, men de nya omständigheterna kan till och med göra det bestraffande att berusa sig.

Motiverande samtal (MI motivational interviewing) är ett medvetet sätt att förändra förstärkningsvärdet (**EO**) med droganvändandet. Att inse framtida konsekvenser – fördelar med ett ordnat liv, social acceptans, blir förstärkande i stunden.

De etablerande omständigheterna glöms ofta vid beteendeanalysen. Likaså används ett ofta helt oreflekterat användande av övertalning, utan vetskap om vilka förstärkningar som är verksamma.

För så kallade kognitiva terapeuter är "grundantagande" en typ av etablerande omständigheter, men den termen klargör inte funktionen och är heller inte klart definierad. Grundantagande låter mer eller mindre grundmurat och i grunden svårt att påverka. En **EO** behöver inte vara en grundmurad föreställning, utan kan vara högst tillfällig och situationsbunden. Det kan handla om information som kommit plötsligt och försvunnit lika fort. Den behöver heller inte gälla generellt i alla miljöer som grundantagande anses göra. Den kan vara knuten till vissa sammanhang.

> Felaktiga, försvårande och besvärande kognitiva **EO** bör på alla sätt modifieras. Härvid kan alla till buds stående medel användas.

För att påverka och förändra sådana **EO** som försvårar eller motverkar beteendeförändringen, kan terapeuten fritt välja bland olika metaforer, fabler, livsvärderingar, övertalning, kognitiva tekniker och motiverande samtal (MI), med utgångspunkt från gjord beteendeanalys. Exempelvis McMullin (1986) redovisar 17 olika tekniker för perceptionsförändring (perceptual shifting) och 10 olika tekniker för logisk analys (logical analysis) alla syftande till att påverka etablerande omständigheter.

Psykoedukationen är en EO i sig själv

Beteendeterapeuters kanske mest kraftfulla verktyg är den **EO** som själva patientinformationen (psykoedukationen) kan utgöra. En anpassad och skickligt genomförd information till klienten kan göra klienten motiverad och beredd att genomföra behandlingen.

Beståndsdelarna i effektiv patientinformation är vanligen begriplig undervisning och förklaringar av patientens problematik. I kapitel 3 *Hjälpsam kunskap* har jag gett exempel på sådana klargöranden. Allmän information om problematiken – inlärningspsykologiskt och fysiologiskt – samt möjligheterna att komma tillrätta med dem är viktig. Metaforer, framhållna förebilder och exempel, logiska bevis och resonemang om långsiktiga konsekvenser, fördelar och värdering i livet är vanliga försök att etablera omständigheter, som motiverar.

Tankens femte (5) position som Betingat Stimulus ("trigger")

Precis som vilket annat stimulus som helst kan en tanke bli en trigger (**BS**) för en automatisk sympaticusreaktion. Om man flyr från eller undviker en tanke, då riskerar man att tanken blir ett betingat stimulus, under förutsättning att man har en pågående sympaticusreaktion. Detta sker särskilt när man ältar. I ältandet flyr man från sina olusttankar med hjälp av sina tröstetankar. Tvångspatienter ägnar sig dagligen åt att fly från sina tvivelstankar med hjälp av såväl sina tvångstankar som andra tvångsbeteenden.

(5)

BS	BR/S	R	𝑘⁻
"Jag tog i handtaget"	Sympaticus/"Det var nog smutsigt"	Tvättar sig	Lugn infinner sig

Därefter kan blotta tanken på att ta i handtaget väcka sympaticus, då tanken att handtaget är smutsigt har blivit ett betingat stimulus (**BS**). Det kan räcka med att värja sig mot en olusttanke en gång för att göra den till ett **BS** (5).

Tvångssyndrom kännetecknas av att allt flera tvivelstankar blir **BS** då klienten använder handlingar, undvikanden, återförsäkringar och självåterförsäkringar (tröstetankar) för att fly från sina olusttankar och sitt tvivel.

Hur ska man hantera tankar som har blivit BS (i position fem 5)

Det finns två sätt att hantera tankar som genom respondent betingning har blivit **BS**.

Om tanken (**BS** position 5) utlöser en sympaticusreaktion för något objektivt sett helt ofarligt, bör exponering för tanken med efterföljande responsprevention – det vill säga inga lugnande eller ångestreducerande beteenden används. Möjligen ifrågasätta relevansen i en första diskussion för att etablera insikt. Därefter fullständig responsprevention.

Om tanken (**BS**) däremot utlöser sympaticusreaktion för något objektivt sett farligt, då är den ju ändamålsenlig och säkerhetsresponserna helt adekvata.

(2)	(1)	(3)	(5)	(2)	(1)	(3)	(4)	
S	R	K	BS	BR/S	R	K	EO	97

Sammanfattning av behavioristisk kognitiv terapi

Tankar är operanter som vidmakthålls och utsläcks på samma sätt som motoriska beteenden. Tankar är en heterogen grupp beteenden, som kan ha fem olika funktioner. Funktionen avgör hur de bör hanteras. Beteendeanalysen är därför grund för val av åtgärder.

Om du använder kognitiva interventioner – gör det på behavioristisk grund och efter gjord beteendeanalys.

5. Ord som kan förvirra och leda fel

Inom terapeutisk verksamhet finns ord som har en stark värdeladdning särskilt bland patienter och klienter. Några av dessa ord som kan locka till att man agerar skadligt utifrån behavioristiskt perspektiv är orden nedan.

Bekräfta	Bekräfta är en term som vanligen används då man egentligen borde säga "förstärka med sin uppmärksamhet eller sitt deltagande". Bekräftande (förstärkande) beteenden bör användas med timing och i samband med beteenden som bör förstärkas. Annars föreligger risk för att patienten formas (shapas) in i ältande eller att upprepa alla misslyckanden och missräkningar som inte kan förändras. Använd ordet "förstärkning" istället.
Compassion, medkänsla	Samma som Bekräfta ovan. Stor risk för att fastna i känsloprat, känslomål och vad som har utlöst eller utlöser känslorna. Compassion är ett laddat ord som kan leda till fel inriktning eller till och med skada behandlingsarbetet genom att fel beteenden förstärks, då medkänsla lätt kan leda till att man förstärker genom att vara tröstande, när korrekt behandling är exponering med responsprevention.
Coping-tekniker	Se hantera.
Empati	Empati är ett ord med mycket stark laddning. Alla instämmer i det är viktigt. Om empatin tar sig uttryck i att alltid och utan hänsyn till kontexten leder till tröstande, då kan den vara direkt skadlig. Empati bör leda till att man agerar så att det lindrar och botar på sikt. Man kan då framstå som hård och okänslig i stunden, men valet står ofta mellan att vara snäll i stunden eller snäll och botande på sikt.
Hantera	Ångestpatienter hanterar ofta sitt mående och sin ångest med olika beteenden. Med allt ifrån undvikanden och flykt ibland med hjälp av droger, alkohol eller ångestdämpande mediciner. Hur hanterandet går till är således av största betydelse. Ordet "hantera" kan låta fint men kan vara direkt skadligt, då det kan bestå av säkerhetsbeteenden.
Känslomål	Patienter uttrycker ofta känslomål – de vill bli fria från ångest och olust. Risken är att man då söker snabba lösningar vilket leder till säkerhetsbeteenden istället för att arbeta med att utmana och vidga beteenderepertoaren. Ångest och rädsla minskar inte om man beter sig fegt.
Lågaffektivt bemötande	Ett på senare år populärt inte evidensbaserat sätt att hantera konfliktsituationer med exempelvis barn och funktionshindrade. Bemötandet kan dock vara direkt förstärkande av problemet, även om det i de svåra situationerna är mycket förstärkande för personal och nära anhöriga. Individuellt bemötande efter gjord beteendeanalys förordas istället.

Validera	Att validera är en term som beskriver något positivt. Att visa att man deltar, känner med och förstår. Men om deltagandet upplevs förstärkande av motparten kan det innebära att de beteenden som valideras blir förstärkta. Om terapeuten är upprepat validerande när klienten pratar om gamla oförrätter denne varit med om, då kan det resultera i ältande av dessa händelser. Resultatet kan bli ett utdraget klagande och prat om det som varit och som inte kan ändras istället för prat om framtiden som kan formas.
Trösta	Att trösta då egentligen ingen tröst finns att ge genomskådas vanligen av den som vill bli tröstad. I sämsta fall leder det endast till ökat ältande och mera oro och ångest och är i dessa otröstliga situationer motsatsen till acceptans.
Återförsäkra	Att återförsäkra är nära släkt med att trösta. Samma försiktighet är nödvändig här.

Referenser

Andersson, E., et al.	(2020)	Therapist-guided Internet-based extinction therapy for worry vs. psychological placebo: A single-blind randomized controlled trial.	Psychological Medicine	Accepted for publ
Andersson, E., et al.	(2017)	Internet-Based Extinction Therapy for Worry: A Randomized Controlled Trial.	Behavior Therapy	48(3), 391-402.
Bandura, A., Walters, R.H.	(1963)	Social Learning and Personality Development.	Holt Rinehart and Winston, New York	
Christensen, A., Jacobsen, N.	(1998)	Acceptance and Change in Couple Therapy	W. W. Norton & Company;	1:a uppl.
Dowrick, P.	(1983)	Using Video: Psychological and social applications	Wiley, New York	1st ed.
Goldiamond, I.	(1975)	Social casework: A behavioral approach	Columbia University, New York	
Hawton, K., Salkovskis, P.M., Kirk, J., Clark, D.M.	(1989)	Cognitive Behaviour Terapy for Psychatric Problems - A practical guide	Oxford University Press	
Hayes, S. C., Strosahl, K. D., Wilson, L. G.	(2016)	Acceptance and Commitment Therapy	Guilford Publications	2:a uppl.
Kohlenberg, R.J., Tsai, M. .	(1991)	Functional analytic psychotherapy: A guide for creating intense and curative therapeutic relationships	Plenum, New York	
McMullin, R. E.	(1986)	Handbook of Cognitive Therapy Techniques	Norton & Co	
Meichenbaum, D.	(1978)	Cognitive-Behavior Modification: An integrative approach	Plenum books	
Meichenbaum, D.	(1985)	Stress Inoculation Training	Pergamon Press	
Michael, J.	(1982)	Distinguishing between discriminative and motivational functions of stimuli	Journal of the Experimental Analysis of Behavior	37, s 149-155
Schachter, S., & Singer, J.	(1962)	Cognitive, social, and physiological determinants of emotional state.	Psychological Review,	69(5), s 379–399
Skinner, B. F.	(1969)	Contingencies of Reinforcement - a theoretical analysis	Appleton-Century-Crofts	
Sulzer-Azaroff, B., Mayer, R.	(1991)	Behavior Analysis för Lasting Change	Wadsworth	
Sundel, M., Sundel, S.S.	(2004)	Behavior Change in the Human Services	SAGE Pulications	4:e upplagan.

Wadström, O.	(2013)	When Mowrer is not enough – an operant analysis of rumination.	www.quitruminating.com	
Wadström, O.	(2017)	Sluta älta och grubbla – lättare gjort med KBT	Psykologinsats	5:e upplagan
Wadström, O.	(2020)	Att förstå och påverka beteendeproblem	Psykologinsats	7:e reviderade uppl.
Wadström, O., Ekvall, D.	(2013)	Idrottsglädje Prestation Utveckling - KBT för tränare, föräldrar och idrottare	Psykologinsats	
Öst, L-G.	(2006)	Tillämpad Avslappning: Manual till en beteendeterapeutisk coping-teknik		
Öst, L-G.(ed)	(2013)	Kognitiv Beteendeterapi inom Psykiatrin	Natur och kultur akademi	2:a reviderade uppl.

Bilaga 1. När Mowrer inte räcker till

Operant analys av ältande

Av Olle Wadström Augusti 2012

Sedan jag lanserade min bok *"Sluta älta och grubbla – lättare gjort med KBT"* 2007, har jag märkt att beteendeanalysen, som ligger till grund för behandlingsanvisningarna, inte är självklar för alla. Med denna artikel vill jag ge en mera detaljerad analys än den jag gör i boken, vilken ju är förenklat skriven för att vara tillgänglig för lekmän.

Min poäng – såväl i boken som i denna artikel – är att man kan använda operant analys även vid respondent, det vill säga ångestdriven beteendeproblematik och samtidigt tydligare visa varför traditionella kognitiva tekniker ofta är direkt olämpliga att använda vid behandling av exempelvis ältande.

Vid beteendeanalys av ångestproblematik väljer man traditionellt att göra de så kallade säkerhetsbeteendena (**R**) till sitt fokus. Man tar Mowrers tvåfaktoranalys som utgångspunkt och ser säkerhetsbeteendena som negativt förstärkta av den ångestreduktion de medför. Där Watson visade hur respondent betingning går till och hur betingade stimuli uppstår, visar Mowrer förloppet och hur säkerhetsbeteendena vidmakthålls/ökar med följande formel:

$$\text{BS} \quad\text{———————}\quad \text{BR/S}^{D-} \quad\text{———————}\quad \text{R} \quad\text{———————}\quad \textit{K}^-$$

BS = betingat stimulus ("trigger"), BR = fysiologisk reaktion (sympaticus) relaterad till exempelvis ångest, S^D = diskriminativt stimulus, som avgör valet av säkerhetsbeteende (vanligtvis en tanke/tolkning av situationen), R = säkerhetsbeteende, K^- = negativ förstärkning genom reduktion av obehag, rädsla, fara osv.

Där varken flykt och undvikande med ångestminskning som förstärkare eller respondent betingning förekommer, används företrädesvis en enkel operant analys. Det innebär att man väljer godtyckliga beteenden (**R$_n$**) som fokus, med helt andra förstärkningar än ångestreduktion är fullt möjliga.

$$\text{S}^D \quad\text{————————————}\quad \text{R}_n \quad\text{————————————}\quad \text{K}$$

Således kan man vid operant analys välja att analysera ett godtyckligt beteende (**R$_n$**) som förekommer hos klienten och som denne gör för mycket (överskott) eller för lite av (underskott), för att sedan påverka det. För att kunna påverka beteendet, måste analysen ge information om förstärkningar (**K**) och diskriminativa stimuli (**S^D**).

Trots att allvarligt ältande involverar ångest, så har jag valt att använda det operanta sättet att göra beteendeanalys för att förklara ältandet. Detta är inte gjort tidigare, vad jag vet, och är otraditionellt. Det intressanta med den operanta analysen som följer här är, att exponering med responsprevention slutligen blir det helt självklara valet av behandlingsmetod. Den operanta analysen leder alltså till samma resultat som en analys strikt utifrån Mowrers tvåfaktorteori.

Enligt min mening är det helt nödvändigt att göra en operant analys, då Mowrers tvåfaktorteori endast ger en ögonblicksbild, medan ältandet är ett beteende som löper över tid – som en beteendekedja.

Den fråga som alla ältare ställer sig är varför de inte kan sluta älta, fastän de inte vill något hellre. För mig som beteendeanalytiker blir frågan – Vad förstärker tänkandet av plågsamma tankar?

Innan jag går in på den operanta analysen av ältandet vill jag att du lägger följande berättelse på minnet. Berättelsen visar ett skeende som har alla likheter med det som sker i huvudet på den som ältar.

Pelle kommer hem från skolan och vänder sig till mamma. Han har blivit retad av sina kamrater och nu oroar han sig för att det ska fortsätta och att han ska bli deras mobboffer. Hans oro ger honom många tankar på allt olustigt som då skulle kunna tänkas ske. Det ena scenariot överträffar det andra i hans hjärna. Tankarna innehåller allt flera skrämmande detaljer ju längre samtalet mellan Pelle och mamman pågår. Mamma bemöter Pelles orostankar med logiska argument, hon tröstar, återförsäkrar, försöker lugna och ger råd hur han ska agera för att på bästa sätt tackla sina retsamma kamrater. I själva verket sitter hon inte på någon patentmedicin, någon kunskap eller information, som med visshet kan lugna Pelle.

Pelle: "Dom retas och säger att jag har stor näsa." Mamma: "Din näsa är inte större än någon annans." Pelle: Dom skrattade också." Mamma: "Din profil är en grekisk profil och det är snyggt." Pelle: "Sedan sa dom att det är en knöl på den." Mamma: "Du ska vara glad att du inte har en liten uppnäsa, det passar inte på en man." Pelle: "Tänk om dom retas i morgon också." Mamma: "Du ska se att de har glömt allt det där i morgon." Pelle: "I morgon kommer Kristian tillbaka och han brukar retas värst av alla." Mammas argument är både logiska och till del sannolika, men de tycks inte lugna eller ens övertyga Pelle. Han fortsätter att komma med den ena olustiga farhågan efter den andra.

Vår hjärna är evolutionärt anpassad att tänka fram faror och hot. Pelles skrämselhjärna serverar ständigt nya detaljer som visar på att morgondagen kan bli farlig. Varför gör den det?

Den skrämmande fantasi som evolutionen har mejslat fram hos oss alla, har varit avgörande för överlevnaden för människan, som är en långsam, svag och ofarlig varelse i sig själv. De individer som haft förmågan att tänka fram faror, innan dessa har blivit uppenbara eller ens nära, har fått mer tid att tänka ut och vidta säkerhetsåtgärder. Förmågan har gynnat överlevnaden. Hellre tänka fram 999 faror för många och i onödan, än att missa en enda som kan vara dödsbringande.

Detta räcker dock inte som förklaring till att Pelle hela tiden tänker ut nya faror. Utifrån operant synvinkel måste Pelles olusttankar få någon förstärkning. Ett operant beteende (tankar är operanta beteenden) måste förstärkas för att inte utsläckas.

Mammas tröstande och lugnande svar ger naturligtvis den negativa förstärkning som gör att Pelles skrämmande tankar ökar. Hjärnan fortsätter då att producera fler skrämmande och nya olusttankar. Varför är de lugnande beskeden förstärkande för Pelle? Jo, därför att de tillfälligt – högst tillfälligt – lindrar hans gnagande oro och olustkänsla. Men för att mammas lugnade svar över huvud taget ska kunna vara förstärkande, måste Pelle känna oro (sympaticusreaktion). Oron är en nödvändig omständighet för att mammas tröst ska vara negativt förstärkande.

Företeelser som påverkar förstärkningens kraft kallar jag etablerande omständigheter (**EO**). Etablerande omständighet är varje omständighet som påverkar en förstärknings kraft i höjande eller sänkande grad. Känslor (hunger, törst, ångest, sjukdom), men även värderingar, föreställningar eller missuppfattningar kan fungera som **EO** för beteenden. **EO** är ett något vidare begrepp än "establishing operations", som det ursprungligen användes som en "operation" för att öka förstärkningsvärdet hos exempelvis föda genom matdeprivation – en establishing operation. Michaels definition av establishing operation:

"... any change in the environment which alters the effectiveness of some object or event as reinforcement and simultaneously alters the momentary frequency of the behavior that has been followed by that reinforcement"

Oron/sympaticusreaktionen måste finnas där för att göra mammas svar förstärkande. Utan denna **EO** skulle mammas svar inte behöva vara orosreducerande och Pelles frågor skulle snabbt upphöra genom utsläckning.

Utifrån Pelles perspektiv är det de skrämmande olusttankarna, som är det överskottsbeteende och som han vill bli kvitt. Enligt Mowrer hade mammas tröstande/återförsäkringar fokuserats som (**R**), dock inte vid operant analys.

Trösten och återförsäkringarna kan istället ses som den negativa förstärkningen, beroende på deras funktion.

S^{D-} ——————————————— R ——————————————— K^-

Ledsen, tänker: "Min näsa är stor"   Säger: "Dom säger min näsa är stor"   Mamma tröstar med motbevis

> *Det är viktigt att hålla i minnet att* ångesten, eller ännu hellre sympaticusreaktionen, *fungerar i ältandet som en etablerande omständighet (EO).* Glömmer man det kommer analysen att vara obegriplig.

Ältande är som en inre dialog mellan Pelle och "mamma".

Låt oss nu se det som sker i hjärnan hos en ältare eller grubblare och jämföra det med Pelles ältande tillsammans med mamma. Vid ältande förekommer både tankar som flaggar för farligheter (olusttankar) och tankar som kan utgöra möjliga lösningar, hoppfulla möjligheter, förklaringar eller försäkrande besked (tröstetankar).

Om en person drabbas av fara, hot som höjer hans sympaticusnivå (stress, ångest) och vidtar åtgärder så kallade säkerhetsbeteenden för att ta sig ur eller lösa situationen, då kommer det han säkrar sig emot (bekämpar) att kunna utvecklas till ett betingat stimulus (**BS**) – respondent betingning. Betingade stimuli har förmågan att automatiskt utlösa en sympatikusreaktion.

När en person drabbas av farhågor eller står inför ett problem som inte har en självklar lösning, då kan sympaticusreaktionen/oron snabbt stegras genom respondent betingning. Om personen med olusttanke söker finna egna lösningar, förklaringar, egna tröstande tankar eller handlingsalternativ, då kommer detta att förstärka hans olusttänkande. Tröstetankarna fungerar som säkerhetsbeteenden, som i ögonblicket "räddar" från den upplevda oron eller olusten. Att göra säkerhetsbeteenden med kroppslig oro (i närvaro av sympaticusreaktion) möjliggör respondent betingning. Respondent eller klassisk betingning har beskrivits av Watson som lärde lille Albert råttfobi. Först skrämde Watson Albert till sympaticusreaktion med ett högt och plötsligt ljud (en naturlig skrämmare eller ett obetingat stimulus (**OBS**) och därefter räddade man Albert från den närvarande vita råttan. Detta gjorde honom rädd för råttan. Råttan blev ett betingat stimulus (**BS**) med förmåga att automatiskt utlösa en betingad sympaticusreaktion (**BR**).

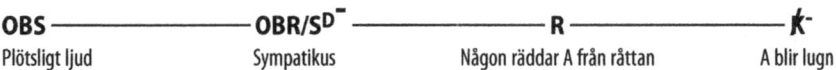

OBS —————	OBR/S^{D-} —————	R —————	k^-
Plötsligt ljud	Sympatikus	Någon räddar A från råttan	A blir lugn

Vare sig tröstetankarna är självuttänkta eller ges av mamma, så ger de en tillfällig och ögonblicklig ångestreduktion, under förutsättning att sympaticus (som **EO**) är närvarande. Det som tröstetankarna räddar ifrån är det skrämmande innehållet i olusttanken. Därmed löper olusttanken risk att bli en "vit råtta" – ett betingat stimulus (**BS**). Mowrers tvåfaktorteori beskriver på följande sätt:

BS —————	BR/S^{D-} —————	R —————	k^-
Oroande tanke	sympatikus/samma tanke	Tröstande tanke eller	Reduktion av obehag annat säkerhetsbeteende.

Genom att använda säkerhetsbeteenden vid sympaticuspåslag riskeras alltid att betingning sker, så att den naturligt oroande tanken/olusttanken löper risk att bli ett betingat stimulus (BS) med förmåga att automatiskt utlösa sympaticus (BR) i framtiden.

BS —————	BR/S^{D-} —————	R —————	k^-
Olust-tanke	sympatikus/olusttanke	Tröstande tanke/	reduktion av obehag annat säkerhetsbet.

Negativ förstärkning av själva tröstetänkandet i kombination med **respondent betingning** blir resultatet ett ökande av att tänka ut lösningar, förklaringar eller andra typer av sympaticuslindrande tröstetankar.

Åter till lille Albert som visade sig bli rädd för flera saker än råttor efter den respondenta betingningen. Hans rädsla generaliserades till liknande och närliggande företeelser såsom en vit kanin, vit trasselsudd och en man med vitt skägg. Generaliseringen är resultatet av hans flitiga användande av säkerhetsbeteenden.

En formningsprocess (shaping) av det topografiska innehållet i olusttankarna blir på liknande sätt resultatet av tröstetänkandet. Man blir rädd för de nya närliggande olusttankar, som hela tiden dyker upp från skrämselhjärnan. Generalisering till nya närliggande aspekter i olusttankarna kommer således att kunna ske.

Beteendekedja – operant analys

Vi har nu sett hur den respondenta betingningen har kunnat skapa tankar som blivit automatiskt skrämmande (**BS**) genom respondent betingning. För att förstå den operanta analysen och varför ältandet är så svårt att stoppa måste jag introducera begreppet beteendekedja. Ångesten (själva sympaticusreaktionen) är nu en **EO** som ligger kvar och då och då (intermittent) späds på genom nya respondenta betingningar.

Med detta i minnet ser vi på ältandet utifrån operant synvinkel. Oavsett vilka tröstetankar i form av geniala lösningar, förklaringar eller räddningsplaner som tänks ut, så kommer skrämselhjärnan hela tiden söka nya närliggande hot, eftersom inga faror får förbises. Att missa en möjlig fara kunde vara skillnaden mellan liv och död för stenåldersmänniskan. Olusttankar kommer därför hela tiden, men med delvis förnyat innehåll och med en anpassning och tolkning som ansluter till det aktuella sammanhanget/situationen.

Att så sker beror dock inte enbart på att evolutionen försett människan med den uppfinningsrika skrämselhjärnan utan även på att ältandet fungerar som en så kallad beteendekedja.

Typiskt för en beteendekedja är att förstärkningen på varje utfört beteende blir diskriminativt stimulus för nästa beteende (Sundel & Sundel 1999).

$$S^D \text{---} R_1 \text{---} K^+ = S^D \text{---} R_2 \text{---} K^+ = S^D \text{---} R_3 \text{---} K^+ = S^D \text{---} R_4 \text{---} K^+ = S^D$$

Låt mig exemplifiera med en beteendekedja från ett helt annat sammanhang. Jag sitter vid datorn och chattar med en vän. Jag skriver och skickar; detta är mitt operanta beteende (**R**). Detta beteende får sin förstärkning när min väns svar landar hos mig. Denna förstärkning blir då samtidigt ett diskriminativt stimulus ($K^+ = S^D$) för mig att återuppta *mitt* skrivande (R_2). Ytterligare ett exempel. När man läser en text fixerar man en del av en rad (detta är beteendet R_1), när hjärnan har tagit till sig innehållet och förstått (detta är förstärkningen K^+), då blir förståelsen/förstärkningen ett stimulus (S^D) till att flytta blicken och ta in nästa textavsnitt (R_2) osv osv.

Överfört på ältandekedjan så kommer tröstetankarna, som fungerar som negativa förstärkare, att bli startstimuli S^D för att tänka fram nya farliga aspekter/olusttankare.

$$S^D \text{---} R_1 \text{---} K^- = S^D \text{---} R_2 \text{---} K^- = S^D \text{---} R_3 \text{---} K^- = S^D \text{---} R_4 \text{---} K^- = S^D$$

| Olusttanke 1 Tröstetanke 1 | Olusttanke 2 Tröstetanke 2 | Olusttanke 3 Tröstetanke 3 | Olusttanke 4 Tröstetanke 4 |

Istället för att lindra oro/ångest (sympaticusreaktionen) kommer tröstetankarna att bli stimuli (S^D) för flera och nya skrämmande tankar, vilka i sin tur **kan** komma att öka sympaticus genom respondent betingning.

Överfört på Pelle och mammas yttre ältande så motsvarar Pelles tankar – orostankar **R**. Mammas lugnande svar fungerar som negativa förstärkningar ($K^- = S^D$) på olusttänkandet. De blir också en signal (S^D) för Pelle att komma med invändningar – alltså nya hotande orostankar (**R**). Han vill helt enkelt ha mera tröst och få ännu säkrare besked, så han om möjligt kan känna sig "helt trygg", men hans oro ökar istället genom respondent betingning.

Ältande som sker utan sympaticusreaktion drivs av positiv förstärkning. Det kallas vanligen problemlösning, där olusttankarna motsvaras av problemformuleringarna och tröstetankarna av lösningsförslag.

Sammanfattning av den operanta analysen

Jag väljer att göra olusttanken till central del (target behavior) i min analys istället för säkerhetsbeteendet (tröstetanken), som är det traditionella sättet att angripa ångestdrivna beteenden.

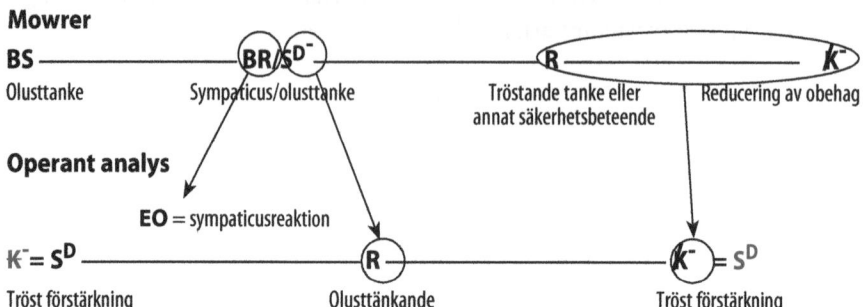

Den operanta analysen ger nu möjlighet till att utsläcka olusttänkandet genom att ta bort förstärkningen – tröstetänkandet.

För att förstå analysen måste man samtidigt hålla två olika paradigm igång – växelvis och parallellt (se fig ovan). Ett paradigm där tröstetanken är **R**, som får negativ förstärkning (Mowrer), vilket är det traditionella sättet att se. Det andra paradigmet, där istället olusttänkandet är **(R)** och tröstetänkandet förstärker olusttänkandet och samtidigt fungerar som diskriminativt stimulus (**K⁻= Sᴰ**) för nya olusttankar i en beteendekedja. Jag förskjuter alltså **S** ett snäpp åt höger, för att se vad som förstärker olust- tankebeteendet.

Behandling av ältande

Vad skiljer då den operanta analysen från den traditionella? Traditionell exponering med responsprevention, syftar till habituering eller motbetingning. Man nöjer sig vanligen med att patienten avstår från sina säkerhetsbeteenden. Vid den operanta behandlingen är syftet istället direkt riktat mot att utsläcka beteendet att producera olusttankar genom att göra detta oförstärkt. Det gör att insatserna måste riktas mot att förhindra tröstetänkandet. Det är känt att ett beslut att aktivt inte tänka tröstetankar, för att inte förstärka olusttänkandet, är omöjligt. Så snart man ska hålla rätt på vad man inte får tänka, så tänker man redan på det. Därför måste man använda tekniker med beteenden inkompatibla (oförenliga) med tröstetänkandet så att dessa blockeras. Samtidigt får man en beteendeanalytisk förklaring till varför just dessa tekniker är effektiva. Metoden – de inkompatibla beteendena – syftar till utsläckning i första hand och till motbetingning/habituering i andra hand.

Med tröstetänkandet inkompatibla beteenden:

- Acceptans av olusttanken
- En chansande attityd/trotsa olusttanken
- Tänka värsta tanken, öka på olusttanken
- Tänka som en fatalist
- Defusion/kognitiv frikoppling (rätt använd dvs inte som distraktion).
- Medveten närvaro (rätt använd dvs inte som distraktion).

Om man använder dessa tekniker på rätt sätt är det omöjligt att samtidigt tänka tröstetankar. Den genomgående och verksamma komponenten är acceptans.

Vilken roll spelar den respondenta betingningen för ältandet?

Något sympaticushöjande måste förekomma i början av ältandet och även intermittent under själva ältandet så att högre sympaticusnivå etableras (**EO**). Annars uppstår inget ältande. När sympaticusreaktionen väl är en etablerad omständighet blir beteendekedjan "självgående".

Inlärningspsykologiska komponenter som ligger till grund för analysen:

1. **Respondent betingning** som sker vid flykt eller undvikande (säkerhetsbeteende) i närvaro av sympaticusreaktion (Watson och Mowrer). Man lär sig bli automatiskt rädd för det (**BS**) man flyr från.

2. **Negativ förstärkning** Tröstetanken är ett beteende som fungerar att ge tillfällig ångestreduktion och möjliggör respondent betingning (sker genom att man flyr/undviker olusttanken).

3. **Premacks princip** se punkt 1 (ett högfrekvent beteende kan fungera som förstärkare för ett annat **R**. Det högfrekventa tröstetänkande fungerar som förstärkare för olusttänkandet). Diskuteras inte i denna artikel.

4. **Beteendekedja** och dess utmärkande drag att förstärkningen tillika är diskriminativt stimulus (**S^D**) för nästa beteende (**R**) osv. Ältandet är en s k homogen beteendekedja.

5. **Shaping av topografi** (dvs vidgat och breddat innehåll i olusttankarna även kallat generalisering). Nämns men diskuteras inte i denna artikel.
6. **Shaping av frekvens** (ökning av antalet olustankar). Diskuteras inte i denna artikel.
7. **Etablerande omständighet** (sympatikusreaktionen/olustkänslan/ångesten fungerar som en sådan under hela ältande-beteendekedjan). Om inte sympaticusreaktionen/"ångesten" föreligger som en **EO** då skulle inte tröstetankarna fungera som förstärkare och olusttänkandet skulle utsläckas.

Fördelar med operant analys

I min praktik har jag funnit att patienterna tilltalas av och lätt tar till sig presentationen av beteendekedjan och tycker sig känna igen sig i psykoedukationen. Denna insikt fungerar sedan som en synnerligen stark etablerande omständighet (**EO**), som gör det förstärkande för dem att pröva de beteenden/ metoder – inkompatibla med tröstetänkandet – som jag föreslår. Är man som terapeut klar över den operanta analysen, då luras man heller inte lika lätt lockas in i att ge återförsäkringar i form av logiskt ifrågasättande, sannolikhetsresonemang eller andra kognitiva återförsäkrande metoder. Återförsäkringar fungerar ju som tröstetankar fastän de kommer från en annan person. Man kan förhindra att – som terapeut – bli en aktiv förstärkare av olusttänkandet hos patienten.

Den operanta analysen är användbar och tillämplig vid de flesta ångestsyndrom, särskilt där ångestförloppet har ältande inslag och är utdraget i tiden med upprepningar av säkerhetsbeteendena såsom exempelvis; tvångssyndrom, social fobi, panikångest, GAD, förväntansångest, beslutsångest osv.

För en mer ingående beskrivning och exemplifiering vilka implikationer analysen får för behandlingsupplägget se min bok *"Sluta älta och grubbla – lättare gjort med KBT"*

Användbar metafor

Se skrämsel eller varningshjärnan som den servande tennisspelaren. Han slår sin serve (olusttanken) och den logiska förnuftshjärnan förväntas svara och returnera bollen (tröstetanke). Genom att förnuftshjärnan hela tiden nonchalerar och inte returnerar servarna, så upphör tennismatchen snabbare. Vem vill spela tennis mot en spelare som aldrig bemödar sig att returnera bollen?

Referenser

Jag förutsätter att den som läst så här långt är välbekant med de mest grundläggande inlärningspsykologiska fenomen som ligger till grund för analysen. Dock tar jag upp några referenser, då jag förstått att även kunniga KBT:are ibland saknar kunskap i operant psykologi. Beteendekedja och etablerande omständigheter är mindre välkända inlärningspsykologiska fenomen och är avgörande för att förstå min analys av ältandet;

Beteendekedja
Sundel, M. & Sundel, S (1999): *Behavior Change in the Human Services.* SAGE publications. Inc. s 89-91, (1999).

Sulzer-Azaroff, B. & Mayer, G. R (1991): *Behavior Analysis for Lasting Change.* Wadsworth/Thomson Learning. S 338 – 349.

Etablerande omständigheter (Establishing operations)
Michael, J (1982): Distinguishing between discriminative and motivational functions of stimuli *Journal of the Experimental Analysis of Behavior,* 37, s 149-155.

Sulzer-Azaroff, B. & Mayer, G. R (1991): *Behavior Analysis for Lasting Change.* Wadsworth/Thomson Learning. S 255-256.

Respondent betingning
Sundel, M. & Sundel, S, (1999): *Behavior Change in the Human Services.* SAGE publications. Inc. s 141- 152.

För konsekvenserna av analysen för behandling mera i detalj se:
Wadström, Olle: *Sluta älta och grubbla – lättare gjort med KBT.* Psykologinsats (2007, 2009, 2014).

Wadström, Olle: *Quit Ruminating and Brooding – How Worry and Ruminating Work and What to Do to Overcome Them.* Available at Amazon (2015).

Se även www.quitruminating.com

Bilaga 2. Strävansmål för KBT-

i handledningen med Olle Wadström

Analys av beteende (problem)

1.1 Leta efter beteenden (**R**) – upprätta topografisk analys med överskott eller underskott – som är knutna till patientens upplevda problem, antingen för att hantera eller som är en konsekvens av, eller kopplade till problematiken på annat sätt. Analysera dessa beteenden i inlärningspsykologiska termer. Gör beteendeanalys på överskotten och underskotten **S – R – K**, som kan förklara vidmakthållande och kanske även uppkomst av problemet. Är beteendena styrda av känsla använd Mowrer´s formel BS **– BR/S⁻ – R – K⁻**

1.1.1 Klargör beteendenas respektive funktioner med hjälp av beteendeanalys. Håll ordning på vad som är **BS** (betingade stimuli), **S** (diskriminativa stimuli), **R** ("target behavior" beteende/operant/säkerhetsbeteende och vad som är **K⁺**, **K⁻** (förstärkningar) och glöm inte **EO** (etablerande omständigheter).

1.1.2 Leta efter betingade stimuli [**BS**] och undvikandebeteenden, flyktbeteenden (säkerhetsbeteenden [**R**]) vid ångestsyndrom. Sök också efter diskriminativa stimuli [**S**] och förstärkningar [**K**] (vid operanta problem).

1.1.3 Glöm inte det operanta perspektivet som kan finnas även vid ångestproblem (ex vis "sjukdomsvinst").

1.1.4 Se även det operanta i vardagen, inklusive i terapisituationen, vad som styr patienten och vad som styr ditt eget beteende. Utveckla och träna ditt "operanta öga", så att du inte förstärker olämpliga beteenden hos patienten i terapisituationen.

1.1.5 Vid relationsproblem leta efter vad som förstärker eller bestraffar beteenden hos andra parten/parterna. Ett operant skeende försiggår alltid i par eller grupper.

1.2 Låt patienten komma till tals mera i början av terapin, för att få prata av sig. Ta sedan över allt mera och styr för att effektivt driva terapin.

1.3 Besluta tillsammans med patienten vilka beteendemål denne vill uppnå för "lyckad" behandling. Ange alltid beteendemål (överskott ska minskas och underskott ska ökas) – undvik känslomål såsom "ångestfrihet", "må bra", "känna glädje", "bättre självförtroende", "bättre självkänsla", "lycklig" osv. Känslor och tankar förändras alltid på sikt vid förändrat yttre beteende. Beteendeterapi är alltid förändring utifrån och in. "Move your ass and your mind will follow."

1.4 Dela gärna upp de stora och långsiktiga målen i delmål, vilka kan användas såväl vid mätningar/registreringar som vid läxgivning (nedan). Det ska alltid finnas en direkt koppling mellan den topografiska analysen (överskotts- och underskottsbeteenden) och de beteendeförändringar (beteendemål) som ni vill uppnå.

1.5 Var öppen och resonera om din beteendeanalys med patienten. Det är viktigt för motivationen, att patienten förstår hur dennes problem "fungerar". Detta för att bättre kunna förstå varför han/hon måste göra det som måste göras. Lär patienten om respondent betingning, generalisering och andra viktiga inlärningspsykologiska fenomen och inte minst förstärkning. "Psychoeducation" (patientinformation) är en bra investering för det kommande arbetet. Ofta är den helt avgörande för framgången, genom att kunskapen blir en etablerande omständighet (EO), som gör det mera förstärkande för patienten att genomföra jobbiga moment i behandlingen.

1.6 Presentera rationalen för behandlingen/åtgärderna för klienten och var då undervisande och så pedagogisk som det någonsin går att vara. Använd ett språk som hör hemma i den beteendeterapeutiska vokabulären, men som är anpassat till klientens förmåga och erfarenhet – nivellera (se 4.1).

1.7 Vid alla diskussioner, förklaringar med patienten och undervisning (psychoeducation, rational, allmänt under behandlingen) är det mycket effektivt att ta patientens egen problematik som exempel på de olika inlärningspsykologiska mekanismer man talar om. Kan man förutsäga saker, som patienten ännu inte berättat men som denne känner igen, då vinner man stark tilltro.

1.8 Använd gärna klargörande metaforer, fabler.

1.9 Låt varje terapisession bli en del i en fortlöpande beteendeanalys. Du formulerar hypoteser i din hjärna och i samtalet med patienten försöker du verifiera eller falsifiera dina hypoteser med dina frågor. Bakom varje fråga du ställer bör idealt finnas en tanke (hypotes) som du testar.

1.10 Sträva efter att använda öppna frågor och följ upp med slutna frågor för att snäva in.

1.11 Var observant på det operanta skeendet under själva terapisessionerna. Se 1.1.4 ovan. Du förstärker hela tiden patientens beteende, liksom du själv blir förstärkt av patienten. Du kan få honom/henne att bara tala om och älta "gamla" problem genom ditt beteende, liksom patienten kan få dig att bara sitta och trösta (dvs. inte "terapera"). Jmf Israel Goldiamond och lösningsfokuserat arbete.

Mätning

2.1 Använd beteendemått, räkna ex vis beteenden som ska påverkas (target behaviors), säkerhetsbeteenden såsom överskott och underskott (använd registreringslistor) och eventuellt skattning av ångestnivåer medVAS-skalor. Starta mätningarna så tidigt att kan används som baslinjemätningar. Helst innan behandlingen påbörjas. Låt patienten registrera något eget beteende (en bra första läxa).

2.2 Använd ett "standardiserat" mätande (samma utformning under hela behandlingen), för att få jämförbara data genom hela behandlingen. Du kan själv välja mätmetod och även konstruera egna formulär.

2.3 Upprepa gärna exakt samma "standardiserade" mätningar fortlöpande, för att följa utvecklingen under hela behandlingen. Avsluta med mätningar för att bedöma resultatet. När beteendemålen är uppnådda.

2.4 Välj lämpliga andra instrument (formulär) om du vill komplettera de beteenderegistreringar som du initierat.

Läxor

3.1 Använd beteendeanalysen/erna för att utforma läxor. Patienten ska ha lagom stor läxa varje gång. Viktigt för patienten att uppleva att det har gått bra att lyckas (positiv förstärkning).

3.2 Gör läxorna konkreta och klara, så att patienten inte kan missa dem på grund av missförstånd eller okunnighet. Om nödvändigt, träna beteendet med honom under terapisessionen, så genomförandet inte stupar på okunskap (beteendebrist).

3.3 Gör gärna svåra och utmanande moment tillsammans med patienten (modelling + shaping), för att underlätta för genomförandet på egen hand.

3.4 Ha en stående punkt i sessionen: "Uppföljning av (hem)uppgifter" (hur, framgång, missar, registreringar, nöjd? varför inte gjort?)

3.5 Bygg på läxorna med nya och omforma vid behov. Ha en stående punkt varje session: "Ny/a läxa/or."

3.6 Klargör för patienten att huvuddelen av behandlingen görs mellan sessionerna och att denne har ansvaret för det.

3.7 Ta varje chans att uppmuntra och entusiasmera patienten (förstärk) till att gå vidare med sina allt svårare läxor. Uppmuntra till att ge sig själv egna läxor och ta egna initiativ i behandlingssyfte.

3.8 Försök att se det positiva (framsteg) för att mana på (positiv förstärkning), men låt inte patienten helt själv bestämma takten i arbetet. Samarbeta och förhandla.

3.9 Gör klart för patienten att man inte kan förändra sitt sätt att vara och tänka, om man inte förändrar sitt beteende. Ge beteendeläxor. Om läxorna är av kognitiv art – försök att göra om dem till observerbara beteenden ex vis att skriva ner tanke, att skriva ut sin "värsta tanke" och exponera sig för denna o s v.

3.10 Läxorna ska ha nära anknytning till mål och delmål (bygga på beteende-analysen), vara genomtänkta och följa en linje.

3.11 Omformulera misslyckanden till positivt på något sätt, som kan hjälpa till i fortsättningen. "Vad har vi lärt oss av detta?"

Allmänt

4.1 Var jämbördig med patienten – nivellera. Detta gäller såväl kläder, ordval och språkbruk efter patientens nivå.

4.2 Ha inga hemligheter för patienten. Ha alltid öppna kort om det inte ska-dar eller hindrar behandlingen (jmf hidden agenda).

4.3 Skämta och skapa en otvungen atmosfär. Patienten är tillräckligt spänd som den är. Auktoritet och respekt får man främst genom sitt kunnande och sin kompetens.

4.4 Var uppmuntrande och stödjande, utan att bli en del i säkerhetsarsenalen (försäkringsgivare) för patienten, vilket är lätt att bli om man inte har koll på beteendeanalysen.

4.5 Satsa på att göra dig icke behövd för patienten. Det gör behandlingen kortare och generaliseringen till patientens vardagsliv lättare.

4.6 Var bestämd på att patienten har ansvar för det hon gör. Du kan bara leda henne till vatten, inte dricka åt henne.

4.7 Kompromissa inte om kompromissen är felaktig ur behandlingssyn-punkt. Tala hellre om vilka konsekvenser en felaktig kompromiss skulle komma att få och att du inte kan stödja den.

4.8 Bli inte en "hyrvän" eller samtalskompis. Det är en arbetsrelation ni har med klart definierade roller. Gör inte terapin till en intellektuell ge-menskap där djupsinnigheter dryftas. När beteendeanalysen är klar och diskuterad tillsammans med rationalen, då återstår till största delen praktiskt arbete framför allt med beteendeläxor för patienten och moti-vationsarbete för terapeuten.

4.9 Du kan i princip föreslå vad som helst i behandlingsväg, bara du vet varför/till vilket syfte du gör det. Alla dina åtgärder, insatser och metoder ska kunna förklaras med utgångspunkt från din aktuella beteendeanalys.

4.10 Beteendeanalys är inte en behandlingsmetod i sig, men ger vanligen direkt idéer till hur man kan utforma effektiva åtgärder, för beteendeförändring. Den hjälper även dig att förstå ett eventuellt misslyckande.

4.11 Beteendeanalys hjälper dig att förstå varför och vad, som är verksamt i olika behandlingsåtgärder. Den är ypperlig för att dissekera och förstå vad de verksamma komponenterna är i ex vis ACT, FAP, CBASP, ART och även i psykodynamisk terapi. Beteendeanalys är ett sätt att förstå beteendets uppkomst och vidmakthållande, den är neutral och tar inte ställning utan förutsäger endast vad som sker om man gör på det ena eller andra sättet. Beteendeanalys är ett sätt att se på världen.

Bilaga 3. Att uppfinna egna tillämpningar med utgångspunkt från beteendeanalys och operant psykologi

Den som är välbevandrad i framför allt operant psykologi har alltid möjlighet att skapa egna tillämpningar, behandlingar eller komponera sammansatta och individanpassade interventioner och är inte hänvisad till manualbehandlingar. Min modell för behandling av ältande är ett exempel på en tillämpning av operant principer kan resultera i en praktisk tillämpning eller metod (bilaga 1).

Att skapa interventioner som tillgodoser behovet av omedelbara förstärkningar försummas ofta. Nedan ger jag några exempel där jag har försökt tillgodose just detta.

Exempel 1

Jag blev anlitad av ett företag att hålla utbildning i tillämpad beteendeanalys i kliniskt syfte för att hjälpa överviktiga personer att gå ner i vikt. Företaget sålde måltidsersättningspulver med chokladsmak, men viktminskningarna uteblev hos kunderna.

Företaget ville nå viktminskning hos sina kunder, som använde deras pulver. Som beteendeanalytiker vet man att endast omedelbara förstärkningar fungerar. De långsiktiga konsekvenserna av bantning kan inte hålla liv i beteenden som leder till den aversiva konsekvensen – hunger. Att gå ner något kilo i veckan i bästa fall är inte nog för uthålligt bantande. Det är ett misstag att ha resultatmål om resultatet kommer på mycket lång sikt.

Beteendemål är vägen, inte resultatmål i form av viktnedgång. Det gäller således att förmå klienterna att göra de beteenden som leder till viktminskning på sikt omedelbart förstärkta. Att inte äta fel och onyttigt och för mycket samt att motionera och röra på sig är beteenden som måste få snabb förstärkning.

Första åtgärd i detta uppdrag var som alltid topografisk analys. Vilka beteendeöverskott leder till ökad vikt? Vilka beteenden som gynnar viktminskning saknas? Beteendeöverskott och beteendeunderskott listas i vanlig ordning.

Därefter är det nödvändigt att finna förstärkningar som är mera omedelbara eller åtminstone mera nära i tid till de beteenden som gynnar viktnedgång.

Ärligt talat – markera med **X** de beteenden som du utfört under dagen

Olämpliga beteenden \ Datum	2 jan		3 jan			4 jan		osv	
Ätit på fel plats (markera alla tillfällen under dagen)	x	x	x	x	x				
Ätit stående (markera alla tillfällen)	x	x	x						
Ätit mellan målen (markera alla tillfällen under dagen)	x	x	x	x	x				
"Unnande-ätit" tröst (markera alla tillfällen under dagen)	x	x	x	x	x	x			
Ätit fel mat (markera alla tillfällen under dagen)	x		x	x					
Smygätit (markera alla tillfällen under dagen)			x						
Gått och ätit (markera alla tillfällen under dagen)	x		x						
Hoppat över måltid (markera alla tillfällen under dagen)	x		x						
För stor portion enligt tallriksmodellen	x		x						
Tagit ny portion (markera alla tillfällen under dagen)			x						
Druckit söt dryck (markera alla tillfällen under dagen)	x		x	x					
Druckit en öl (markera alla tillfällen)									
Druckit ett glas vin (markera alla tillfällen)									
Ätit bulle/wienerbröd (markera alla tillfällen)			x						
Ätit kaka (markera alla tillfällen)	x								
Ätit sött bakverk (markera alla tillfällen)			x						
Ätit frukt (markera alla tillfällen efter det första)									
Ätit Godis chips nötter (mängd för 5 kronor)	x								
Eget:									
Eget									
Eget:									
Dagens summa olämpliga beteenden:	23		21						

Lämpliga beteenden \ Datum	2 jan		3 jan			4 jan		osv	
Promenad (markera varje 20 minuter)	x		x						
Stavgång (markera varje 15)									
Jogging (markera varje 5 minuter)									
Simning (markera varje 10 minuter)	x	x							
Cykling (markera varje 25 minuter)									
Gym, styrketräning (markera varje 10 minuter)			x	x	x				
Gruppgympa (markera varje 15 minuter)									
Stegräknare (7000 steg ger ett x, 10000 ger två x)	x		x						
Eget:									
Eget:									
Eget:									
Eget									
Ätit de tre målen F, L, M balanserat och vid rätt tid	x	x	x	x					
Druckit två liter osötad dryck (vatten, te, kaffe, mm)			x						
Ersatt mål med pulver max två gånger per dag			x						
Eget:									
Eget:									
Eget:									
Dagens summa lämpliga beteenden:	6		9						

Ett formulär skapades som kallades "Ärligt talat dagens sanning". Formuläret listade allmänna oönskade beteenden (överskottsbeteenden) och önskvärda beteenden (underskottsbeteenden), vilka alla medverkar till viktnedgång. (Se föregående sida)

De allmänna beteendena, som listats, kompletteras med specifika individuella beteenden. För att göra förstärkningarna omedelbara anmodades deltagarna att markera i beteendeformuläret så nära utfört beteende i tid som möjligt. Helst ska markeringen ske i direkt anslutning till beteendet, dock senast vid dagens slut. Själva ifyllande fungerar som "selfmonitoring" (beteendepåverkande självregistrering), då överskottsnoteringana är något bestraffande och riktar fokus mot oönskade egna beteenden och underskottsnoteringarna av önskvärda beteenden blir positivt förstärkta vid kryssandet.

Summorna av förkryssade olämpliga respektive önskvärda beteenden förs sedan in i tabellen "Sanning och konsekvens" för respektive dag. Förhoppningen är att olämpliga beteenden visar en nedåtgående kurva och lämpliga en stigande och att detta ska fungera förstärkande.

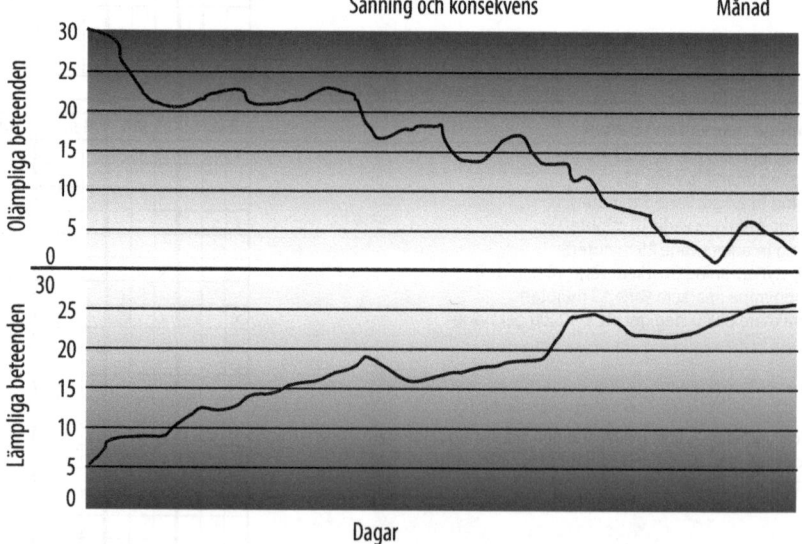

Förhoppningsvis blir detta en ytterligare förstärkande upplevelse och är även en återkoppling på det som gjorts under länge tid. Uppmärksamheten riktas helt mot beteenden under dagen – minskning av oönskade och ökning av önskvärda. Ju närmare det ljusa mittområdet kurvorna kommer desto bättre – desto mera förstärkande.

Viktnedgång, utseende och ett bättre mående blir sekundära mål och en bonus på längre sikt, som inte eftersträvas direkt.

Genom att använda formulären under längre tid kan nya beteendemönster och vanor etableras och befästas, så att formulären på sikt blir överflödiga.

Exempel 2

En döv lindrigt utvecklingsstörd man (23) hade ett mycket svårt självskadande beteende. Problemet hade funnits sedan sexårsåldern. Han slog sig i ansiktet med knytnävarna i genomsnitt 2,5 timmer per dag om han utsattes för krav som att duscha, klä sig, gå en promenad, åka på semester eller nöjen, få undervisning i teckenspråk. Han saknade teckenspråk då man inte hade vågat eller orkat utsätta honom för några krav på grund av självskadandet. Han slog sig fri från i princip allt, även sådant han inte hade en aning om att det kunde vara roligt och trevligt.

$$S^- \text{———————} R \text{———————} \not{k}^-$$

Krav   Självskadande   Kravet tas bort eller upphör

Hans liv bestod i att sitta och självstimulera sig – vagga med huvudet – äta och sova.

Det första steget var att förstärka beteendet "inte slå sig" vid krav. Detta skedde i en verkstad. I kravsituationen fick han omedelbart 2 minuters rast (negativ förstärkning) efter varje 2-minuter utan självskadande. De 2 minuterna kunde snabbt utökas till 3 och 4 minuter osv. En formningsprocess (shaping) hade startats som snabbt fick honom att avstå självskadande allt längre, då det inte länge ledde till negativ förstärkning

S⁻ —————————— R ———— / ———— k⁻
Krav   Självskadande   Kravet tas bort eller upphör
                         R

Efter att ha exponerat honom för krav utan att han kunnat slå sig fri, så kunde självskadandet fås att upphöra i en arbetssituation (en timma per dag) och på liknande sätt under en kort promenad en gång om dagen. Därmed kunde inlärning av teckenspråk påbörjas genom så kallad tillfällighetsinlärning (incidental learning) av de mest värdefulla tecknen.

Eftersom han ville slippa krav och hade använt sitt självskadande som ett effektivt medel att komma ifrån krav, så var det absolut viktigaste tecknet "Vill inte". Detta tränades in genom vikariell förstärkning med hjälp av självimitation med videoinspelning.

En video på en och en halv minut med honom som huvudperson skapades, där han utsattes för ett krav – han serverades en tallrik ris, vilket han inte kunde acceptera. Genom trickfilmning kom videon att visa honom serveras ris – han själv göra tecknet "vill inte" och därefter se att tallriken togs bort (kravet försvann = negativ förstärkning).

Därefter fick han titta på sig själv på video en gång per dag. Personalen skulle nu observera om han härmade tecknet i någon situation. Om så skedde skulle han omedelbart slippa, det vill säga få förstärkning av ett ersättningsbeteende till självskadandet. Efter 21 dagar skedde detta. Till en början förstärktes "vill inte" kontinuerligt, men förstärkningarna glesades ut och efter några månader förstärktes de intermittent endast i situationer där det naturligt skulle förstärkas.

Två år efter behandlingsstart var han i princip helt fri från det minst 17 års långa självskadandet. Det kunde dock provoceras fram då särskilt stark ovilja uppkom. Att öka på arbetstiden i verkstaden bedömes vara en sådan provokation. Nu uppkom problemet att expandera arbetstiden i verkstan, utan att han skulle återta sitt självskadande i frustration över att behöva stanna längre i arbete. Det gick inte att kommunicera de ökade kraven med honom, då hans teckenspråk fortfarande var alltför outvecklat.

Istället fick vi arrangera en metod att leverera positiv förstärkning så länge han inte skadade sig själv i kravsituationen, samtidigt som arbetsdagen sakta expanderades.

En anordning byggdes med fyra lampor varav en röd. Möjlighet att tända lamporna en i taget manuellt fanns.

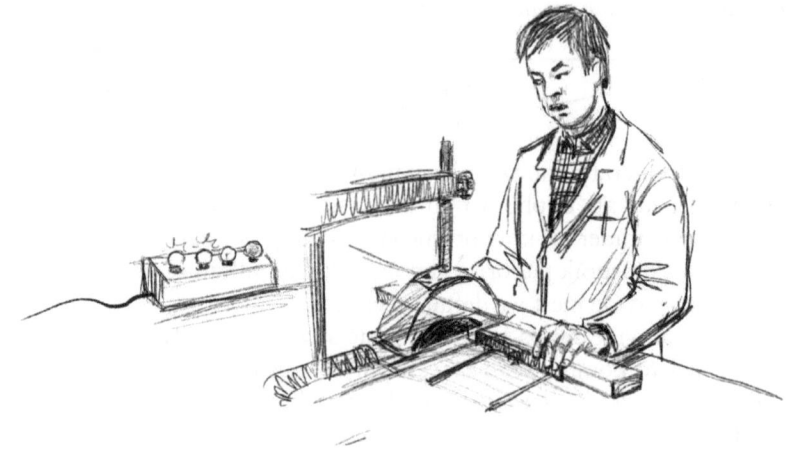

När han började arbetsdagen dröjde det inte lång stund innan den första vita lampan tändes, såvida han inte slog sig. Efter en något längre stund tändes lampa två om han inte slog sig. Om han händelsevis skulle slå sig, släcktes alla lampor omedelbart, för att åter tändas med stegvis ökande intervall om självskadande inte uppstod. När den fjärde röda lampan tändes fick han avsluta jobbet – kravsituationen upphörde.

Genom att lamporna tändes manuellt av personalen kunde arbetsdagens längd bestämmas till exakt antal stigande minuter oavsett om självskadande uppkommit. Idén med ökande intervall mellan lamporna är att förstärkningarna ska komma tätt i början av rätt beteende – icke självskadande. Med denna anordning kunde arbetsdagen utsträckas till heldag utan självskadande.

Behandlingen hade genom de olika stegen ökat skadefri tid från från i början två minuter till en hel arbetsdag. Formningen (shaping) genomfördes i flera steg eller omgångar med hjälp av lamporna som omedelbara betingade förstärkningar.

Referens till Exempel 1

Svensson A, 2008. *En utvärdering av själviakttagelseformulär som metod i PREnets viktminskningsprogram.* D-uppsats i pedagogik, Institutionen för pedagogik, didaktik och psykologi. Högskolan Gävle